Respekt

Heinz Zielinski

Respekt

Über Anerkennung und Dialog in schwierigen Zeiten

Heinz Zielinski
Linden, Deutschland

ISBN 978-3-658-51146-3   ISBN 978-3-658-51147-0 (eBook)
https://doi.org/10.1007/978-3-658-51147-0

Die Deutsche Nationalbibliothek verzeichnet diese Publikation in der Deutschen Nationalbibliografie; detaillierte bibliografische Daten sind im Internet über https://portal.dnb.de abrufbar.

Springer VS ist ein Imprint der eingetragenen Gesellschaft Springer Fachmedien Wiesbaden GmbH und ist ein Teil von Springer Nature.
Die Anschrift der Gesellschaft ist: Abraham-Lincoln-Str. 46, 65189 Wiesbaden, Germany

Wenn Sie dieses Produkt entsorgen, geben Sie das Papier bitte zum Recycling.

Vorwort des Verfassers

Der vorliegende Band greift mit „Respekt" ein Thema auf, das alle angeht. Es begegnet uns im Alltag ständig, wir machen positive ebenso wie negative Erfahrungen im Umgang miteinander.

Der Band will aufmerksam machen, wie präsent das Thema ist, will aber auch die klare Botschaft senden:

Wir alle sind aufgefordert, mehr Respekt zu zeigen. Das Leben im Alltag wird dann leichter. Es ist sehr zu wünschen, wenn der Band zum Nachdenken und Handeln anregt.

Ein technischer Hinweis zur Schreibweise ist wichtig. Der Autor ist bemüht, möglichst geschlechtersensibel zu schreiben, insofern mit der Schreibweise jeweils alle Geschlechter zu erfassen. In einigen Fällen ist dies wegen der Lesbarkeit des Textes nicht vollzogen. Dafür bittet der Autor um Verständnis.

Linden, Deutschland Heinz Zielinski
Januar 2026

Mein Dank gilt vor allem Frau Nicole Zielinski, die die Illustrationen und Frau Christine Preuß, die mit viel Geduld das Manuskript erstellt hat.

Inhaltsverzeichnis

Über den Autor

Heinz Zielinski Professor für Public Management. Als Wissenschaftler an unterschiedlichen Hochschulen tätig, zum Ende seiner Berufstätigkeit Abteilungsleiter im Ministerium des Innern und für Sport (in Hessen). Seit Jahrzehnten in unterschiedlichen Bereichen des Sports und Soziales ehrenamtlich (bis heute) tätig. Autor vielzähliger Werke, insbesondere in politik- und verwaltungswissenschaftlichen Themenfeldern.

1

EINLEITUNG. Mehr Respekt bitte

Zusammenfassung Bei dem Thema „Respekt" geht es um den Umgang der Menschen untereinander, gleichgültig, wo sie in ihrer gesellschaftlichen Stellung einzuordnen sind. Wir schildern, dass die Tugend des wechselseitigen Respekts massiv bedroht ist. Die Formen der Respektlosigkeit machen uns bisweilen fassungslos. Das immer noch bestehende Wertegefüge ist in Gefahr und damit auch die demokratische Struktur. Der vorliegende Band will auf die Gefahren hinweisen, aber auch die Chancen benennen, die mit Mehr Respekt (!) verbunden sind. „Jeder Mann/Jede Frau gibt nur so viel, als er/sie sich selbst geltend macht!"

Mehr Respekt bitte! Worum es geht!

Die Grundvoraussetzung für eine respektvolle Haltung ist die Anerkennung der Gleichwertigkeit zwischen allen Individuen.

Bei unserem Thema geht es um den Umgang der Menschen untereinander, ob unter Kindern, Jugendlichen, unter Erwachsenen, zwischen Jugendlichen und Erwachsenen, zwischen Jungs und Mädchen, zwischen

H. Zielinski, *Respekt*, https://doi.org/10.1007/978-3-658-51147-0_1

Nachbarn, zwischen Bürgern und Polizisten, zwischen Schülern und Lehrern, zwischen Autofahrern und Rettungskräften, also übergreifend um zwischenmenschliche Beziehungen, oder auch um Beziehungen zwischen Vertretern unterschiedlicher Institutionen.

Es geht also um die Beziehungen zwischen Gruppen und Einrichtungen, wie zum Beispiel Schulen, Kirchen, Ämtern, oder auch Organisationen wie den Sport. Wenn wir über Beziehungen der Personen oder Institutionen reden, spielen sehr oft auch die Dinge des Lebens eine wichtige Rolle, wie das Eigentum im Unternehmensbereich.

Bei unserem Thema geht es um eine seit Jahren schleichende Form der Gleichgültigkeit, mehr noch: die Tugend des wechselseitigen Respekts ist massiv bedroht. Die Situation, insbesondere im öffentlichen Raum, wird immer mehr von Rücksichtslosigkeit geprägt, das soziale und politische Klima wird rauer. Ein allgemeiner Prozess der Enthemmung und der Missachtung des Mitmenschen ist deutlich spürbar, insbesondere in den sozialen Medien, Stichwort „Hasskommentare".

Für das Miteinander macht sich eine gefährliche Entwicklung in der Gesellschaft breit: eine Entwicklung, die von der Auflösung gemeinsamer Wertegrundlagen gekennzeichnet ist – und das beginnt im Alltag.

Die Zuspitzungen der Situationen im Alltag gehen aber noch weiter. Nehmen wir das Stichwort der Respektlosigkeit auf. Im zwischenmenschlichen Bereich ist der Schritt von der Respektlosigkeit zur Gewaltbereitschaft und in der nächsten Stufe zur Gewaltanwendung nicht groß. Das macht den Menschen nicht nur Sorge, sondern bereitet auch Angst.

Angesichts dieser Entwicklung drängt sich uns die Frage auf: Warum erodiert der soziale Umgang der Menschen untereinander, obwohl wir z. B. in Deutschland auf einem noch nie erlebten hohen Niveau des wirtschaftlichen und sozialen Wohlstandes sind. Was ist mit den Menschen los, warum sind viele Menschen aggressiv gegen andere; ob gegen Taxifahrer, Sprechstundenhilfen, Kiosk-Betreiber, Gastronomen oder gar Türsteher. Offenbar sind nur wenige Menschen bereit, andere außer sich selbst zu akzeptieren.

Wir wissen, der Wohlstand ist unterschiedlich verteilt und wir wissen auch, Respekt und Respektlosigkeit sind nicht an den sozialen Status gebunden. Beide Erscheinungsformen kennen wir aus allen Gesellschaftsschichten, sie haben nicht ursächlich mit Einkommen, Beruf, Qualifikation, Geschlecht, Religion oder Vermögen zu tun. Wir werden darauf zurückkommen.

Das macht die Herausforderung für die Darstellung des Themas nicht leichter, verweist vielmehr auf den allgemeinen Stellenwert. Denn eines gilt für alle Menschen: der Wunsch nach Anerkennung und Wertschätzung ist uns allen gemein.

In diesem Sinne wollen alle Menschen als gleichwertig anerkannt werden, und zwar bedingungslos und ohne Ausnahme. Wenn wir über Respekt reden, wissen wir auch, dass ein enger Zusammenhang mit einer Reihe von Werten besteht. Das gilt besonders für die Toleranz. Sie bedeutet mit der Vielfalt zu leben, die uns im globalisierten Alltag immer häufiger begegnet. Respekt bedeutet aber mehr als Toleranz, geht darüber hinaus. Respekt bedeutet die Entdeckung und Weiterentwicklung der positiven Erfahrung, mit anderen Milieus zusammenzuleben, Respekt ist also mit einer aktiven Haltung gleichzusetzen und erfordert, diese Haltung auch praktisch umzusetzen. Wir können damit noch weitergehen in unserem gedanklichen Bogen: Respekt ist ein Grundprinzip einer demokratischen Gesellschaft, das in der Bildung und Erziehung eine zentrale Rolle spielen sollte.

Wir können also festhalten: Wir beobachten ein weitgehendes Fortschreiten von Rücksichtslosigkeit, große Teile der Gesellschaft haben Spaß an einem Überbietungswettbewerb bei der Verletzung von Regeln. Das sollten wir nicht akzeptieren. Wir wollen mit diesem Band auch für mehr Respekt werben. Denn die Respektlosigkeit birgt ein erhebliches Gefahrenpotenzial, das unserer Gesellschaft enorm schadet.

Dieser Band soll daher eine positive Wirkung erzielen, er soll wachrütteln, ob Meinungsmacher aus Politik, Medien, dem Sport oder einzelner Gruppen aus der Polizei, Rettungskräften, Kulturschaffenden, Pflegekräften oder ehrenamtlich Tätigen.

Der Hinweis sei an dieser Stelle schon gestattet:

Die ehrenamtlich in der Bundesrepublik Deutschland tätigen Menschen haben bei der Umsetzung des Respekt-Gedankens eine wichtige Rolle. Im Jahr 2024 waren 37 % der Bevölkerung ab 14 Jahren in Deutschland freiwillig engagiert, das entspricht knapp 27 Mio. Menschen. Wir werden ausführlich darauf zurückkommen.

Beachte

Gerade weil die Trends zur Rücksichtslosigkeit und mangelndem Anstand zunehmen, ist gegenteiliges Verhalten umso wichtiger. Respekt erleichtert das eigene Leben und das soziale Miteinander. Dieser Hinweis zum Handeln gilt für alle Generationen gleichermaßen.

2

Respektlosigkeit. Ausgewählte Beispiele

Zusammenfassung Wir reden nicht über Respektlosigkeit, wenn sie uns nicht alltäglich begegnet – und das in unterschiedlicher Form. In hohem Maße ist dies im Verkehr der Fall, ob auf der Straße, dem Bürgersteig oder auch im öffentlichen Personennahverkehr: Rücksichtslosigkeit ist allenthalben gegeben, wobei dies nicht immer absichtlich geschieht. Wir zeigen weiter, dass die Schule mehr und mehr ein breites Feld respektlosen Verhaltens aufweist, oder auch der Sport. Dies ist im Sport besonders misslich, weil er sich eher als Vorbild profilieren sollte. Selbst vor bewusster Manipulation (Doping) wird keine Rücksicht genommen. Die Eltern-Kind-Beziehung bildet ein weiteres praktisches Feld, auf dem es allzu häufig an Respekt fehlt: und das wechselseitig zwischen Kindern und Erziehungspersonen. Ein weiteres großes Feld stellt der Mangel an Respekt gegenüber Natur und Umwelt dar. Der Mensch überschätzt sich, wenn er meint, er kann Natur beherrschen. Weitere Felder sind die Beziehungen zwischen Vorgesetzten und MitarbeiterInnen und vor allem die großen Gebiete der Polizei und Rettungskräfte. Der Mangel an Res-

© Der/die Autor(en), exklusiv lizenziert an Springer Fachmedien Wiesbaden GmbH, ein Teil von Springer Nature 2026
H. Zielinski, *Respekt*, https://doi.org/10.1007/978-3-658-51147-0_2

pekt durchzieht mittlerweile alle gesellschaftlichen Bereiche. Dabei sind die Erscheinungsformen der Respektarmut nicht nur allgemein, sondern auch sehr vielfältig. Im Folgenden werden Beispiele ausgewählt, in denen die Respektlosigkeit im Alltag erlebt wird.

Beispiel Verkehr

Ein Großteil der AutofahrerInnen erlebt Fälle, indem Ihnen der Hintermann auf der Autobahn an der Stoßstange hängt, die Vorfahrt rücksichtslos genommen wird, in der Stadt rücksichtslos geparkt wird usw. Als Dank bekommt der/die respektvolle FahrerIn noch den Vogel gezeigt.

Aber auch unter FußgängerInnen nimmt die Rücksichtslosigkeit zu. Das Verdrängen an den Rand des Bürgersteigs ist nur ein Beispiel von vielen. Der/Die rücksichtslose Handy-NutzerIn im Verkehr ist mittlerweile Alltag.

Die Krönung bilden häufig FahrradfahrerInnen und NutzerInnen der E-Roller, insbesondere in den Städten. Sie verhalten sich häufig so, als wären sie die einzigen VerkehrsteilnehmerInnen auf Straße und Bürgersteig. Insbesondere bei hohen Geschwindigkeiten wird es für andere VerkehrsteilnehmerInnen gefährlich.

Ein weiteres großes Feld der Beispiele stellt der öffentliche Personennahverkehr dar (ÖPNV). Die Zeiten sind vorbei, als jüngere VerkehrsteilnehmerInnen älteren MitbürgerInnen Platz gemacht haben. Sind diese Erscheinungsformen noch harmlos, so sind die Beispiele der Gewaltanwendung oder -androhung im öffentlichen Personennahverkehr schon eher besorgniserregend. Im Übrigen gelten die Negativ-Beispiele auch für den Schienenverkehr in allen Formen. Die Negativ-Beispiele im Bahnverkehr, Gewalt gegenüber Bahnreisenden, haben drastisch zugenommen, was zu erheblichen Folgen bei der Gewinnung von MitarbeiterInnen führt.

Beispiel Schule

Ein weiteres großes Feld bildet der Bereich SchülerInnen/LehrerInnen. Nahezu alle Menschen können bei diesem Themenfeld mitreden, als SchülerInnen, LehrerInnen und Eltern. Zugegebenermaßen hat sich in den Schulen in den vergangenen Jahrzehnten nichts Grundlegendes verändert – wenn wir über positive Erwartungen reden.

Klar, wir haben einen breiten Prozess der Liberalisierung zu verzeichnen, der allerdings nicht nur positiv einzuschätzen ist. Nehmen wir als Beispiel die Lehrerfunktion. Ihre Autorität hat erheblich gelitten, was Vorteile und Nachteile mit sich bringt. Ihre Durchsetzungskraft gegenüber Schülern und Schülerinnen ist deutlich eingeschränkt.

Die Autorität und Anerkennung der LehrerInnen haben sich gewandelt. SchülerInnen haben Freiräume, die in früheren Zeiten undenkbar waren. Das ist teilweise sehr zu begrüßen, hat aber auch – wie gesagt – Nachteile. In der Praxis passiert es dann schon, dass SchülerInnen den Lehrkräften auf der Nase herumtanzen. Immer mehr Lehrkräfte geben ihren Beruf früher als üblich auf, sie resignieren.

Beispiel Sport

Der Sport stellt selbstverständlich ein riesiges Feld für das Erlebnisfeld dar – völlig gleichgültig, ob wir über Breiten- oder Spitzensport reden. In keinem anderen Bereich spielt die persönliche Grundhaltung eine so große Rolle wie im Sport. Fairness, das Einhalten von Regeln, die Einordnung in ein Team oder die Übernahme von Verantwortung sind Ausdruck persönlicher Charaktereigenschaften.

Gerade die wechselseitige Anerkennung der GegnerInnen, des/der KonkurrentenInnen oder auch des/der eigenen MitspielerIn wird leider allzu oft missachtet, z.B.

* das absichtliche Verletzen eines/einer GegenspielerIn,
* das Nichtanerkennen oder Beleidigen des/der Schieds-/KampfrichterIn,
* das Negieren von Traineranweisungen,
* das im Stich lassen eigener MannschaftskameradInnen,
* das absichtliche Verlieren eines Wettkampfes (Wettbetrug),
* das überhebliche Auftreten als SiegerInnen

und viele andere Formen der Rücksichtslosigkeit.

Der Sport als Dachorganisation verfügt über knapp 30 Millionen weibliche und männliche Mitglieder in Deutschland. Eine solche gigantische Zahl steht für den Sport in seiner Vorbildfunktion – in negativem wie positiven Sinne gleichermaßen. Ganz überwiegend sendet der Sport aber positive Signale. Das wollen wir festhalten.

Das gilt in besonderem Maße für SpitzensportlerInnen aller Disziplinen und in vor allem Maße für die FußballerInnen in der Leistungsspitze. Ihr Verhalten hat Auswirkungen auf die ganze Bandbreite der Sportart, insbesondere für Kinder und Jugendliche, die das Verhalten der „Großen" nachahmen. Positive Vorbilder haben dabei eine enorme Wirkung, was man den ProfifußballerInnen nicht oft genug vermitteln kann. Das gilt in besonderem Maße für die SchiedsrichterInnen und das Verhalten der SportlerInnen gegenüber dem/der „zwölften Mann/Frau"! Die Wirkung auf den Breitensport ist jedenfalls enorm.

Beispiel Migranten

Respekt durch, von, mit oder ohne MigrantInnen ist ein riesiges Feld im deutschen Alltag. Wer kann hierzu nicht allenthalben Beispiele benennen im Umgang mit MigrantInnen und Flüchtlingen positiv und negativ.

Eines sollte allerdings ganz klar sein: Wir müssen bei diesem Thema differenzieren und nicht in Pauschalurteile verfallen. Denn wir haben eine Fülle positiver Beispiele gelungener Integration, leider aber auch das Gegenteil.

- MigrantInnen und Flüchtlinge werden im Alltag diskriminiert, sie werden schlechter behandelt als Einheimische.
- Dazu tragen allerdings auch MigrantInnen selbst ihren Teil bei, indem sie gegenüber Einheimischen beleidigend und verletzend sind.
- Das Verständnis für unterschiedlich kulturelles Verhalten ist bei Einheimischen immer noch nicht überall gegeben.
- Die Unterschiede sind spürbar, z.B. wenn wir über Normen und Moral reden. Das gilt in besonderem Maße für geschlechtsspezifisches Verhalten, für den Umgang zwischen Männern und Frauen, von Diversität wollen wir gar nicht reden. In dieser Hinsicht besteht ein erheblicher Nachholbedarf, um Veränderungen zu bewirken.
- Die kulturellen Disparitäten werden uns noch lange und weiterhin begleiten. Dies gilt in besonderem Maße für Glaubensfragen und damit im Zusammenhang stehende unterschiedliche Wertvorstellungen. Großen Raum nimmt hierbei die Trennung von kirchlicher und weltlicher Ordnung ein. In Deutschland steht nun einmal die weltliche Ordnung obenan.
- Die Integrationsfrage stellt wohl eine der größten Herausforderungen deutscher Realität dar. Das wechselseitige Verständnis von deutscher oder islamischer Kultur ist trotz aller positiver Ansätze immer noch stark entwicklungsfähig und auch entwicklungsnotwendig. Die aktuelle Debatte über das prägende Stadtbild in Deutschland zeigt dies deutlich.

Vielen Bürgern ist noch immer nicht bewusst:

In diesem Jahrhundert kündigt sich ein neues Migrationszeitalter an, und das wird in seinen Ausmaßen weit über die Landflucht während der industriellen Revolution (in Deutschland seit Ende des 19. Jahrhunderts), oder den Massenexodus aus Europa gegen Ende des 19. Jahrhunderts hinausgehen. Etwas neutral formuliert haben wir es mit einer riesigen Völkerwanderung zu tun.

Manchen Schätzungen zufolge wird die Zahl der MigrantInnen 2050 auf eine Milliarde steigen, ein Zehntel der Weltbevölkerung.

Beispiel Eltern

Mit dem Themenfeld „**Respekt gegenüber Eltern**" machen wir ein großes Fass auf. In erster Linie geht es hierbei um die Beziehung zwischen Kindern und Eltern. „Wie sehr haben sich die Zeiten verändert, und doch: Es ist in unseren Tagen nichts seltenes, Kinder zu sehen, die ihre Eltern vernachlässigen oder unedel behandeln. Die ersten Bande unter den Menschen werden immer lockerer, die Jünglinge finden ihre Väter nicht mehr weise, nicht unterhaltend, nicht aufgeklärt genug. Das Mädchen hat Langeweile bei der alten Mutter ..." (Adolph Freiherr von Knigge, S. 62).

Zunächst einmal sind Eltern oder Alleinerziehende sozusagen natürliche Respektpersonen oder besser, sie sollten es sein. Im Erziehungs-Kind-Verhältnis ist die wechselseitige Anerkennung von beiderseitigen Bedürfnissen und Wünschen besonders herausfordernd. Die Schwierigkeit ist auch besonders groß, weil die Anerkennung der Autorität der Eltern eine wichtige Rolle spielt. (Zum Begriff der Autorität vgl. auch später). Sie ist auch so groß, weil die Balance zwischen Autorität und Laissezfaire auf Elternseite schwierig herzustellen ist.

Für Eltern ist es nicht so leicht, Respektperson zu sein, also eine natürliche Autorität zu verbreiten, durch Integrität, Wahrhaftigkeit, Konsistenz und Glaubwürdigkeit zu überzeugen. Die Kinder und Jugendlichen anerkennen dies im Zweifel immer.

Dabei müssen Erziehende immer auch darauf achten, dass sie die Kinder und Jugendlichen anerkennen, sie also ernst nehmen; was nicht heißt, nach der Pfeife der Kinder zu tanzen. Beobachtbar ist in allzu vielen Fällen die Umkehrung des Erziehungsverhältnisses, die Kinder bestimmen den Weg der Umsetzung in der Erziehung. Das hat fatale Folgen, für die Eltern und die Kinder. Die zu Erziehenden werden folgerichtig Schwierigkeiten bekommen, eine Autorität generell anzuerkennen.

Die Erfahrungen nicht anerkannter Autorität in der Familie hat u.a. für die Schulen enorme Folgen. Wie sollen SchülerInnen LehrerInnen als Respektpersonen akzeptieren, wenn ihnen solche Anerkennung fremd ist? Die Lehrkräfte kämpfen dann täglich um ihre Autorität.

Beispiel Natur/Umwelt

Ein weiteres hochsensibles Themenfeld, stellen **Natur und Umwelt** dar. Es bildet ein Thema, das grundsätzlich so alt ist wie die Menschheit selbst. Die Kernfrage war und ist, wie sich der Mensch zur Natur verhält. Wir können die Kernfrage auch anders formulieren: versteht sich der Mensch als Teil der Natur oder als Herrscher über die Natur?

Das Verhältnis Mensch – Natur hat sich selbstverständlich im Verlauf der Geschichte wesentlich verändert, vor allem seit der Industriellen Revolution.

Mit den gigantischen Möglichkeiten technisch-wissenschaftlichen Fortschritts verstärkt der Mensch den Eindruck, er könne alle Naturgewalten beherrschen. Dem steht leider nicht entgegen, dass der Mensch immer wieder eines Besseren belehrt worden ist.

Die Entwicklung des Mensch-Natur-Verhältnisses in diesem Jahrtausend hat mit den Herausforderungen des Klimawandels eine neue, eine zusätzliche Dimension erfahren. Der Klimawandel hat dazu geführt, dass zwischen den Generationen eine neue Konfliktlage entstanden ist – mit wechselseitigen Vorwürfen. Die Herausforderungen sind riesig, vor allem und auch, weil Lösungen letztlich nur auf globaler Ebene erreicht werden müssen.

Die Überwindung des Dilemmas findet nicht über das Entweder-Oder statt. Es kann vielmehr nur gelöst werden durch ein gemeinsames Verständnis, den Planeten „Erde" vor der Klimakatastrophe zu retten. Die notwendige Grundvoraussetzung ist:

Der respektable Umgang mit der Natur ist also ein Grundbedürfnis der Menschheit.

Wir müssen uns bewusst machen: „Mit den natürlichen Ressourcen vernichten wir zugleich unseren sozialen Wohlstand. Die Natur ist ebenso wie Gebäude, Maschinen und Infrastruktur oder Arbeitskräfte wertvolles Kapital.

Der Kampf um die natürlichen Ressourcen wird nur mit dem nötigen Respekt vor der Natur zu gewinnen sein. Ein essenzielles Beispiel stellen die Konflikte um das Wasser dar.

Seit den 1930 Jahren haben sich die innerstaatlichen Konflikte und die zwischen Staaten auf dem Gebiet der Wasserversorgung vervielfacht. Insbesondere in den entwickelten Ländern herrscht das Bewusstsein: Wasser ist nun einmal vorhanden und zwar unerschöpflich. Das wird nicht so bleiben.

Beispiel Vorgesetzte – Mitarbeiter

Der Umgang der **Vorgesetzten mit den MitarbeiterInnen** ist entscheidend für die Atmosphäre in Unternehmen. MitarbeiterInnen sind besonders sensibel, wenn es um den persönlichen Umgang geht. Kluge Vorgesetzte wissen um diese Sensibilität und verhalten sich entsprechend. Allerdings wissen wir, es gibt nicht nur kluge Vorgesetzte.

Entscheidend für den Umgang ist die wechselseitige Anerkennung, der emotionale Umgang auf einer Augenhöhe. Das schließt mit ein, die Autorität des Vorgesetzten zu akzeptieren – vorausgesetzt er kann sie überzeugend leben. Das bedeutet vor allem, mit Kompetenz zu führen, anderenfalls macht sich Respektlosigkeit breit.

Die nicht vorhandene Anerkennung der Autorität führt dann häufig dazu, dass Autorität primär auf formalem Weg erlebt wird. Was bleibt, ist eine innere Einstellung von Respektlosigkeit. Kluge Manager wissen, wie es besser geht. Der höfliche Umgang miteinander ist wirklich entscheidend.

Beispiel Kunde

In vielen gesellschaftlichen Bereichen verhalten sich **KundInnen** zusehends respektloser. Die Beispiele sind massenhaft, ein Blick in die alltägliche Geschäftswelt:

- Der/die TaxifahrerIn, der/die nicht schnell genug fährt und dafür beschimpft wird;
- Die/der Sprechstundenhilfe/Sprechstundenhelfer, die sich mehr als Blitzableiter, denn als Fachkraft versteht;
- KellnerInnen, die von Gästen offen bedroht werden aus marginalen Gründen, die Geduld der Gäste ist begrenzt;
- Der/die KioskbesitzerIn, der/die wegen seines fremdländischen Akzents diskriminiert wird;
- Der/die PolizistIn, der/die täglichen Beschimpfungen ausgesetzt ist, mehr noch, der beleidigt und bedroht wird;
- Beschäftigte in sozialen Einrichtungen, die täglich beschimpft werden.

Beispiel Polizei

Der Respekt gegenüber **Polizei und Rettungskräften** ist ein Riesenthema in unserer Gesellschaft, wobei mit dem Verhältnis zur Polizei ein grundsätzliches Problem in der Beziehung zum Staat und seinen Ordnungskräften angesprochen ist. Ein Betroffener:

„Tagtäglich werden wir im Dienst beschimpft und beleidigt. Man bezeichnet uns als Nazis und Schwuchteln. Am schlimmsten sind die Bedrohungen, die ins Private gehen." (Thomas Jungfer, 7. Mai 2025).

Die Respektlosigkeit gegenüber der Polizei hat fatale Folgen. PolizistInnen werden zum Freiwild angriffslustiger Gesetzesbrecher, die jede Achtung gegenüber staatlichen Regeln missachten, von Anstand wollen wir gar nicht reden.

Die Regeln für ordnungsgemäßes Verhalten bestimmen dann nicht staatliche Organe, sondern kriminelle Gruppen. Das spüren normale BürgerInnen, die ihrerseits das Vertrauen in die Ordnungskräfte verlieren. Mittlerweile verzeichnen wir öffentliche Räume, die zu „No-Go-Areas" geworden sind. Sie werden von PolizistInnen gemieden. Eine folgenschwere Entwicklung.

Die besondere Herausforderung für die Polizei liegt darin, immer die Schwelle zwischen Recht und Unrecht im Auge zu haben. Dabei sollten wir nicht verhehlen, dass die Ordnungskräfte bisweilen auch die Schwelle überschreiten. Klar, dass dies auch passieren kann.

Es ist aber kein Grund dafür, das Verhältnis zur Polizei umzukehren. Besonders krass erlebt der/die BürgerIn diese Umkehrung im öffentlichen Verkehr – ob auf der Straße, im Bus, in der Bahn oder auch auf dem Bürgersteig. Hier ist kein öffentlicher Raum ausgespart.

Beispiel Rettungskräfte

Respektlosigkeit gegenüber **Rettungskräften** ist eine besonders krasse Form der Unachtsamkeit, ja häufig ein bewusstes Fehlverhalten. Sie ist nicht nur unfreundlich und unanständig, sondern gefährdet auch das Leben anderer.

Jede Form der Behinderung von Rettungskräften ist zu verurteilen, dies sollte allen klar sein. Das gilt auch für die Einsatzkräfte der Feuerwehr. Das Einfordern respektvollen Verhaltens gegenüber Rettungskräften ist ein zentrales Thema in Deutschland. Auch auf diesem Gebiet beginnt der Respekt bei jedem Einzelnen ganz persönlich. Das „Gaffen" bei Unfällen ist eine besonders krasse Form der Respektlosigkeit. Um Verbesserungen zu erzielen kann jeder bei sich selbst anfangen.

Beachte

Die Beispiele für respektloses Verhalten haben in den letzten Jahren deutlich zugenommen. Wir haben die Fälle in diesem Band ausgewählt, um zu zeigen, wie es nicht geht. Die Beispiele zeigen vor allem: Respektlosigkeit ist ein Alltagsproblem, bei dem wir im Kleinen anfangen können, Lösungen für einen anständigen Umgang zu finden.

Dabei haben wir sicherlich nicht alle Felder aufgezeigt, die durch Respektlosigkeit gekennzeichnet sind, sondern nur eine Auswahl getroffen.

3

Gründe für Respektlosigkeit

Zusammenfassung Respektlosigkeit ist ein weit verbreitetes Phänomen. Ihr wirksam zu entgegnen, gelingt vor allem Personen mit hohem Selbstbewusstsein, wobei Selbstbewusstsein nicht mit Überheblichkeit gleichzusetzen ist. Sie sind am ehesten in der Lage für einen häufig nicht vorhandenen Interessenausgleich zu sorgen. Allerdings können wir in Deutschland auch eine immer stärkere Durchsetzung von Interessen der Minderheiten feststellen, sehr zu Lasten des Vertrauens und des Respekts gegenüber Mehrheitsinteressen. Respektlosigkeit wird häufig auch mit falsch verstandener Freiheit assoziiert nach dem Muster „Freiheit heißt, was ich will". Damit geht oft ein Verhalten einher, die gleiche Wertigkeit des Individuums zu missachten, wobei wir im vorliegenden Band den Begriff der Gleichwertigkeit höher einschätzen als Gleichheit. Gleichwertigkeit ist vor allem nicht an das materielle Sein gebunden. Als inhaltliche Bindung zwischen Individuum und Allgemeinheit kann der Begriff der Moral fungieren, der eine allgemein akzeptierte Ordnung für alle voraussetzt. Allerdings ist das allgemeine Interesse nicht für immer festgelegt, sondern ändert sich auch mit dem wirtschaftlichen, sozialen und kulturellen Wandel.

  17

H. Zielinski, *Respekt*, https://doi.org/10.1007/978-3-658-51147-0_3

Persönlichkeit

Wir haben im vergangenen Kapitel eine Fülle an Beispielen vorgestellt, die für unterschiedliche Formen der Respektlosigkeit stehen. Wir wollen in diesem Kapitel wesentlichen Gründen nachgehen, warum ein großer Mangel an Respekt besteht.

Ein essenzieller Zusammenhang besteht zwischen Persönlichkeit und Respekt. Nur Menschen mit einer gesunden Persönlichkeit können Mitmenschen mit Respekt begegnen. Klar stellt sich die Frage, was ist eine „gesunde" Persönlichkeit.

Das Wesentliche ist, die Balance zu finden zwischen dem, was ich will, und was andere wollen. Das gelingt auf der Grundlage eines ehrlichen Bildes von mir selbst. Das heißt auch, dass ich über mich nachdenken darf. Ich muss also Vertrauen in meine eigene Person haben, um auch anderen Personen vertrauen zu können. Ich muss folgerichtig Verantwortung für mein Handeln übernehmen und dabei selbstverständlich auch die Interessen anderer berücksichtigen.

Diese Balance herzustellen, ist eine große Herausforderung im Alltag – gleichgültig auf welchen Ebenen oder in welchen Bereichen wir über Respekt oder eben über Respektlosigkeit reden. Nur dieses Ausbalancieren zwischen persönlichem Willen und allgemeinem Interesse überwindet Respektlosigkeit.

Damit sprechen wir über ein grundsätzliches Problem: „Tatsächlich müssen wir verlorene Sicherheit in faktischen Dimensionen – militärisch, wirtschaftlich und digital – erst wieder mühsam zurückgewinnen.

Doch das wird ohne ein klares Bewusstsein unseres Selbst, ohne Selbst-Bewusstsein nicht funktionieren."

So „entsteht das kollektive Gefühl einer kognitiven Enthausung, einer geistigen Obdachlosigkeit."

„Den Test besteht eine Maxime nach Kant dann, wenn ich wollen kann, dass diese Maxime ein allgemeines Gesetz werde – wenn ich also wollen kann, dass jeder Mensch sich diese Maxime zum Handlungsprinzip macht (der sogenannte Verallgemeinerungstest)" (Claudia Böhler, S. 47).

Interessenausgleich: die Balance

Es ist allgemein schwierig geworden, einen **Interessenausgleich** zu finden. Allzu sehr hat sich der Egoismus breitgemacht, der Versuch persönliche Interessen über das des allgemeinen Interesses zu stellen. Das gilt nicht nur auf allgemeiner gesellschaftlicher Ebene, sondern überall da, wo wir es mit mehr als zwei Personen zu tun haben. Das fängt in kleinen Gruppen an, geht über Vereine, Parteien, Parlamente usw. Die Kunst, eine Übereinstimmung zu finden, ist die Herausforderung.

Das bedeutet dann auch, dass sich die Minderheit der Mehrheit unterordnet. Das ist schwierig geworden. Allzu oft haben wir den Eindruck, dass eine Minderheit die einzuschlagende Richtung bestimmt. Das gelingt, weil die Durchsetzung von Interessen wesentlich davon abhängt, welche Interessenvertreter mit Entscheidungsträgern verknüpft sind. Salopp formuliert: Wo die Macht durchgesetzt wird. Das gilt vor allem für die Politik. Die Durchsetzung von Interessen der Minderheit zu Lasten der Mehrheit führt hauptsächlich dazu, dass wirkliches Vertrauen in die Politik geschwunden ist.

Wenn politisch Verantwortliche nicht mehr für die Folgen ihres Handelns geradestehen müssen, hat das dauerhaft fatale Folgen für die Idee der Gemeinsamkeit. Dies gilt im Übrigen für alle Ebenen, fängt in kleinen Gruppen/Vereinen an und endet in der großen Politik. Insofern hat die Notwendigkeit, einen Interessenausgleich zu finden, sehr viel mit Vertrauen zu tun, das der/die Einzelne in Mehrheitsentscheidungen hat. Und dazu gehört wiederum die Bereitschaft der Entscheidungsträger, zur Übernahme von Verantwortung.

Verantwortung auch im ethischen Sinne, das meint das Einstehen für eine Entscheidung. Das gilt v. a. für den parlamentarischen Raum, in dem die Mehrheiten gefunden werden. Vertrauen und Respekt stehen in einem engen Zusammenhang.

Freiheit

Damit sind wir bei einem weiteren zentralen Begriff: Freiheit. Wenn ich Freiheit nur als Ausdruck persönlichen Willens verstehe, laufe ich ständig Gefahr, die Grenzen respektvollen Handels zu überschreiten. Das bedeutet umgekehrt, Freiheit hat auch immer etwas mit Grenzziehung zu tun, gerade für den persönlichen Willen.

Der deutsche Philosoph Immanuel Kant hat dazu eine einfache Formel gefunden: „Handele nach der Maxime, von der man wollen kann, dass sie zu einem allgemeinen Gesetz wird". Das klingt einfach, ist aber in der Praxis schwierig umzusetzen. Es bedeutet in jedem Fall, dass ich die **Grenzen meines eigenen Tuns** immer vor Augen haben muss. Dem Egoismus ist durch die Allgemeinheit Grenzen gesetzt. Wir wissen aber auch: der Inhalt dessen, was Allgemeinheit bedeutet, muss stetig erkämpft werden.

Freiheit und Gleichwertigkeit

Wenn wir über Freiheit reden, spielt die Frage nach der Gleichwertigkeit eine wichtige Rolle, oft wird auch von Gleichheit gesprochen. Gleichwertigkeit ist in unserem Zusammenhang – wie gesagt – allerdings der geeignetere Begriff. Er beinhaltet auch das Element der Wertigkeit der Person, über seine Bedeutung im Verhältnis zu seinem Gegenüber. Insofern enthält der Begriff der Freiheit auch seine Grenzziehung, er bedeutet eben nicht Willkür nach dem Motto „ich mache was ich will ohne Rücksicht auf andere zu nehmen".

Gleichwertigkeit ist demnach auch etwas anderes als Gleichheit in folgendem Sinne: Sie ist nicht an die materielle Seite gebunden. Es spielt keine Rolle, wieviel Geld jemand verdient, welches Vermögen er/sie hat oder ob er/sie Eigentum besitzt. Gerade das Element der Freiheit im Zusammenhang mit Eigentum inkorporiert auch das Handeln mit größeren Spielräumen – aber auch mit mehr Verantwortung.

Politisch ist die Vorstellung von sozialer Gleichheit an die Bedingung „gleicher Lebensverhältnisse" geknüpft. Diese bestehen in Deutschland nicht und es ist wohl auch nicht erstrebenswert, lebt doch auch Deutschland von seinen unterschiedlichen Regionen. In dieser Hinsicht eine Uniformierung anzustreben, ist nicht ratsam.

Viel stärker als noch vor zwanzig Jahren spielt aktuell der Zusammenhang von Freiheit und Freizügigkeit eine Rolle. Freiheit wird zunehmend verstanden als Nicht-Arbeit, die schwerpunktmäßige Orientierung verlagert sich zusehends auf Freizügigkeit. Die Möglichkeiten, ein Leben in „Work-Life-Balance" zu führen, gewinnt immer mehr an Bedeutung und damit auch eine neue Form von Gleichwertigkeit des Individuums in der Gesellschaft. Der Autor dieses Bandes hat schon vor knapp 40 Jahren formuliert: Arbeit ist nicht mehr alleinseligmachend … und: Demgemäß bekommt die freie Zeit, die Nicht-Arbeitszeit, eine immer größere Bedeutung. Und mit fortschreitender Technologisierung, Automatisierung und damit verbundenen Identitätsverlusten in der Arbeitswelt wird auf der anderen Seite die Frage nach dem Inhalt der „Freizeit-Tätigkeit" immer wichtiger. Gleichwertigkeit hat einen neuen Stellenwert erlangt – individuell und gesellschaftlich.

Überheblichkeit

Die wechselseitige Anerkennung von Gleichwertigkeit gelingt häufig nicht, weil einzelne Personen überheblich auftreten. „Es gibt Menschen, die durchaus dafür angesehen sein wollen, eine größere Figur in der Welt zu spielen, in höherem Ansehen zu stehen, als es wirklich der Fall ist" (Adolph Freiherr von Knigge, S. 105).

Sie geben dem Gegenüber das Gefühl, dass sie eine größere Bedeutung haben. Es gehört zum Alltag, dass wir uns vor anderen verstellen bis zu dem Punkt, dass wir uns vor uns selbst verstellen. Wir kennen dieses Auftreten aus allen Bereichen der Gesellschaft, ob in der Politik, in Unternehmen, in öffentlichen Einrichtungen oder im Sport – wo es gerade nicht vorkommen sollte.

Gründe dafür liegen diesbezüglich oft darin, dass Ergebnisse sportlicher Leistungen zu einem Gefühl des „Besser-Seins" führen. Klar, gewinnen und verlieren gehören zum Wettkampfsport. Es ist aber völlig unangebracht, auch nach Siegen dem Verlierer spüren lassen, dass er unterlegen ist. Auf diesem Gebiet kann der Sport sehr stark dazu beitragen, durch positive Beispiele Wirkung zu erzielen. Dieses Verhalten ist Bestandteil des Fair-Play-Gedankens im Sport und sollte darüber hinaus auch für andere Bereiche gelten.

Moral

Bei diesem Thema sind wir an einem weiteren zentralen Punkt angelangt. Wer kennt den Spruch nicht „und die Moral der Geschichte ist …"? Der/Die NutzerIn will damit ausdrücken: was lehrt uns eine bestimmte Handlung oder ein Geschehen, was lernen wir für uns selbst, auch im Verhalten zu anderen! Ohne Moral und ohne ethische Werte ist das allgemeine gesellschaftliche Leben nicht möglich. Moral betrifft das tägliche Leben in sozialen Gemeinschaften, also unseren Alltag. Moralisches Denken und Handeln kann nur funktionieren, wenn beides eine allgemeine Geltung haben. Das wirft die Frage nach der Orientierung auf, nicht in erster Linie die des Subjekts, sondern die mit allgemein gültigem Charakter.

Der/Die Einzelne und die Allgemeinheit brauchen Vorstellungen über das, was eine richtige gesellschaftliche Ordnung ausmacht. Aktuell ist die notwendige Orientierung über die Ordnung schwieriger denn je. Es gilt: Wir brauchen aber eine überzeugende Erklärung dafür, warum es Individuen zugemutet werden kann, in bestimmten Fällen Eigeninteressen zugunsten anderer Menschen oder der Allgemeinheit aufzuopfern.

Ist die Orientierung schwieriger oder fehlt sie gar, geraten auch **Moralvorstellungen ins Wanken**. Die Ungewissheit ist angesichts internationaler Kriege und Krisen, aber auch auf nationaler und lokaler Ebene ausgeprägt. Die Frage, was ist richtig und was ist falsch, ist schwierig zu beantworten. Vor diesem Hintergrund haben politische Einrichtungen eine besondere Führungsrolle einzunehmen. Sie sind zentrale Funktionsträger der Moral.

Sie sind Träger der politischen Legitimation, also der Rechtfertigung politischen Handels und damit auch die der Geltung von Normen. (Siehe dazu auch später „Respekt als Ausdruck moralischen Anspruchs", Kap. 6). Geschieht dies nicht, werden die Kräfte am rechten und linken Rand im Parteienspektrum gestärkt.

„Wichtig ist vor allem: Die moralische Stimme tadelt nicht nur, sie lobt auch … eben diese positiven, bestärkenden, ermutigenden und so wirksamen moralischen Stimmen müssten sich in vielen Bereichen unseres Lebens wieder deutlicher und überzeugender erheben" (Amitai Etzioni, S. 39).

Beachte

Respektables Verhalten fängt bei jedem Einzelnen an, bei der eigenen Person. Wer sich selbst achtet, dem wird es leichtfallen, sich auch gegenüber anderen so zu verhalten – ohne überheblich zu werden. Wer weiß, dass Freiheit nicht Willkür meint, sondern auch den Willen anderer miteinbezieht, dem fällt respektvolles Verhalten leichter. Lassen Sie unser Verhalten danach ausrichten.

4

Was bedeutet Respekt wirklich?

Zusammenfassung Unter didaktischem Aspekt kann man das Verständnis von Respekt erleichtern, wenn wir es in Beziehung zum Begriff der Toleranz setzen. Sehr vereinfacht bedeutet Toleranz die Duldung des Andersdenkenden. Im **Unterschied zur Toleranz beruht Respekt** auf anerkennender Gegenseitigkeit. Wir verstehen in diesem Band Respekt als Ausdruck einer persönlichen Grundhaltung. Die Gleichwertigkeit des Individuums wird beim Respekt vorausgesetzt. Damit wird auch die kulturelle Vielfalt zum essenziellen Baustein des Respekts. Hierbei wissen wir, dass innerhalb bestimmter Kulturen noch großer Nachholbedarf besteht, insbesondere mit Blick auf die unterschiedlichen Geschlechter. Falsch verstanden wird Respekt häufig von selbsternannten Respektpersonen, die sich eher durch einen Mangel an respektvollem Verständnis auszeichnen. Etwas umfassender haben wir den Bereich des Sports, insbesondere den Fußball ins Blickfeld gerückt, in dem der respektvolle Umgang eine große Rolle spielt, unabhängig davon auf welcher Ebene (Breitensport, Leistungssport). Schließlich gehen wir noch näher auf den Begriff der Diskriminierung ein.

H. Zielinski, *Respekt*, https://doi.org/10.1007/978-3-658-51147-0_4

Toleranz

Einleitend möchte ich auf den hilfreichen **Unterschied zwischen Toleranz und Respekt** eingehen. Wenn wir allgemein über Toleranz reden, ist damit noch kein ethischer Inhalt verbunden. Wer übt Toleranz gegenüber wem aus? Ein Gestaltungselement wäre, wie mit Minderheiten umgegangen wird, lasse ich sie z. B. bei der Entscheidungsfindung mitreden. Dies gilt vor allem gegenüber ausländischen MitbürgerInnen und ihren Kulturvorstellungen.

Wir leben in einem Spannungsverhältnis, MigrantInnen politisch zu instrumentalisieren, um Mehrheiten zu beschaffen oder sie zu diskreditieren. Wir müssen folglich abstrakte Werte in einen konkreten gesellschaftlichen Zusammenhang stellen, also nach dem ökonomischen, sozialen und kulturellen Umfeld fragen.

Toleranz hat jedenfalls nicht die gleiche Reichweite wie Respekt. Toleranz können wir auch als Akzeptanz verstehen, während Respekt immer den Aspekt der Gegenseitigkeit, den Dialog erfordert. Hierarchisch formuliert bedeutet Respekt mehr als Toleranz.

Auf eine wichtige Ergänzung sei in einem Zitat hingewiesen: „Die Meinung, alles verstehen heiße alles verzeihen, gilt gewiss gegenüber dem irrenden einzelnen, sie kann nicht für die schlechte Sache selbst in Anspruch genommen werden. Duldsamkeit schlechthin, nach Auschwitz …, hieße Verlust allen Sinns für Recht und Unrecht, für Humanität und Barbarei. In der Unmenschlichkeit kann der Menschenfreundliche mitschuldig werden" (Werner Hofmann, S. 37).

Persönliche Grundhaltung

Respekt ist Ausdruck für eine **persönliche Grundhaltung**. Respekt ist mehr als eine punktuell auftretende Verhaltensweise. Wir können diese Grundhaltung besonders stark im Sport erfahren. Wir wissen aus dem Sport, dass wir nur auf der Grundlage anerkannter Regeln einen fairen Wettkampf durchführen können – und zwar Regeln, an die sich alle halten. Eine damit verbundene Verhaltensweise muss praktisch eingeübt werden! Denn von Natur aus neigt der Mensch – hier der/die Sportler/Sportlerin dazu, für sich einen größtmöglichen Vorteil zu erzielen. Gerade durch regelhaftes Verhalten im Sport lernen wir, dass die Freiheit des Einzelnen ihre Grenzen an der Freiheit anderer zeigt.

Nur durch Anerkennung allgemein anerkannter Regeln kann sich der Kerngedanke „Respekt" durchsetzen. Wir brauchen allgemein gültige Normen!

Kulturelle Vielfalt

Wir haben bereits über Gleichwertigkeit in diesem Band geredet und darauf hingewiesen, dass Gleichwertigkeit mehr bedeutet als der inhaltsarme Begriff der Gleichheit.

Bei der Gleichwertigkeit geht es um die Wertigkeit des Individuums, was auch immer voraussetzt: wir sind nicht gleich. Wir sind unterschiedlich, ob im Geschlecht, der Größe, der Hautfarbe, im sozialen Stand, ob bei den Fähigkeiten oder im Charakter.

Aber mit Blick auf den Wert des Menschen sind alle gleich. Das gilt im Besonderen für die Beziehungen zwischen Einheimischen und Zugewanderten, die große Herausforderung in Europa, ja auch global. Im Kern geht es dabei um die im Grundgesetz festgelegte Würde des Menschen, die als „unantastbar" definiert ist. Das bedeutet, dass das Bekenntnis zu einer Religion und eine kulturelle Zugehörigkeit für die Frage der Wertigkeit keine Rolle spielt. Leicht gesagt und doch schwierig umzusetzen. Wir alle kennen genug Beispiele, bei denen die Wertigkeit des Individuums missachtet wird.

Aber auch innerhalb bestimmter Kulturen wird die Gleichwertigkeit missachtet. Dies gilt insbesondere für die Frage nach dem Geschlecht. Frauen werden aus Ländern mit z. B. islamischer Prägung nicht als gleichwertig anerkannt, ja sie werden in vielen Ländern als minderwertig eingestuft. Diese Praxis gilt auch in Deutschland und hat vielfache Konsequenzen im häuslichen Umfeld, im privaten Umgang oder bei der Frage nach der Berufsausübung, oder bei den Heranwachsenden insbesondere bei der Sportpraxis. Allerdings nehmen wir auch wahr, dass sich diese Situation geschlechtsspezifischer Benachteiligung allmählich ändert, in vielen Fällen zum Besseren.

Dies gilt insbesondere für die Gruppe junger Frauen. Für Familien sind mit solchen Veränderungsprozessen häufig eminente Konflikte im Alltag verbunden.

Selbst ernannte Respektperson

Das wissen wir alle: von den **selbst ernannten Respektpersonen** gibt es jede Menge. Sie sind oft ein Grund für mangelnden Respekt. Selbst ernannte Respektpersonen verfügen in der Regel über mangelndes Selbstwertgefühl, sie mahnen für sich Anerkennung und Autorität ein, weil sie darüber nicht verfügen.

Oft geht dieses Verhalten mit Unsicherheit im Umgang mit Anderen einher, es gilt für viele Lebensbereiche wie Betriebe, Politik, Schulen, auch für den Sport und viele mehr.

In unseren Schulen ist diese Unsicherheit bei Lehrern/Lehrerinnen besonders ausgeprägt, ihr Selbstwertgefühl lässt sehr zu wünschen übrig: Leidtragende im wahrsten Sinne des Wortes sind die Schüler/Schülerinnen. Der Missbrauch von Macht ist dann oft ein Lebensbegleiter und tritt leider in allzu vielen Lebensbereichen auf: ob in Schulen, Kirchen, Vereinen und auch in politischen Einrichtungen. Auf diesem Gebiet sind dringend Verbesserungen notwendig.

Beispiel Fußball/Sport

Fußball ist in Deutschland die beliebteste Sportart trotz aller heranwachsender neuerer Trends. Aber auch europa- und weltweit stellt der Fußball die größte organisierte Sportart dar. Das gilt für alle Altersgruppen. Geradezu folgerichtig hat das Thema **„Respekt" im Fußball** einen hohen Stellenwert. Dies wird auch in den Marketing-Feldzügen dieser Sportart sichtbar. Für uns besonders spannend ist das Thema, weil es alle Bereiche, alle Ligen dieser Sportart betrifft. Daher hat die Sportart Fußball einen großen Stellenwert als Vorbild, gilt aber auch für alle Mannschaftssportarten. Gerade hierbei hat der/die SchiedsrichterIn eine zentrale Funktion, denn er/sie ist unparteiisch und genießt die unbeschränkte Vollmacht über die Regelauslegung während des Spiels. Er sorgt für den ordentlichen Ablauf eines Spiels, was sich allerdings durch den Videobeweis sehr geändert hat.

Wir haben an anderer Stelle (siehe Kap. 3) auf Gründe für respektloses Verhalten hingewiesen. Der Sport kann hierbei als Protobeispiel gelten. Die Erscheinungsformen sind dabei sehr vielfältig, z. B.:

- Das absichtliche Verletzen eines Gegenspielers; eine Erscheinungsform, die besonders häufig im kommerziellen Fußball auftritt.
- Das Nicht-Anerkennen, Beschimpfen oder Beleidigen der SchiedsrichterInnen.
- Das im Stich lassen eigener MannschaftskameradInnen auch durch übertriebenen Egoismus auf dem Platz.
- Das überhebliche Auftreten als Sieger. Freude über Siege gehören zum Sport, nur das Erniedrigen des Verlierers ist fehl am Platz.
- Besonders krass fällt das absichtliche Verlieren eines Spiels ins Gewicht. Wettbetrug ist leider eine allzu häufige auftretende Form der Spielmanipulation, bei der es um hohe finanzielle Einsätze geht.

* Aber auch das Negieren von Traineranweisungen oder auch das bewusste Arbeiten gegen die Person des/der TrainerIn ist häufig in der Fußballpraxis anzutreffen.
* Respektloses Verhalten ist allerdings auch Eltern anzukreiden – ein Breitensportproblem. In der Praxis betrifft es SpielerInnen der gegnerischen Mannschaften und die SchiedsrichterInnen. Körperliche Auseinandersetzungen gehören dann auch leider zum Fußball-Alltag.

Wir sollten uns an positiven Botschaften orientieren, wie:

„Alles was ich über Moral weiß, habe ich vom Fußball" (Albert Campus, französischer Philosoph).

Nun ist es verfehlt, das Thema **„Fair Play"** auf den Fußball zu reduzieren. Wir beobachten vielmehr, dass andere Sportarten wie Handball, Basketball etc. auch davon betroffen sind. Doch nicht nur in Mannschaftssportarten, auch bei individuellen Sportarten (z. B. Leichtathletik) spielt Fair Play eine große Rolle. Leider überwiegen in den Medien die Negativ-Beispiele in allen Sportarten, positive Beispiele fallen nicht so sehr ins Gewicht.

Ein besonders wichtiges Feld stellt das Thema **„Doping im Sport"** dar, also die Manipulation von Ergebnissen durch die Einnahme von leistungssteigernden Medikamenten. Trotz aller Verbots-Szenarien gelingt es immer wieder, Ergebnisse zu manipulieren, wobei der/die einzelne AthletIn gar nicht einmal der/die Schuldige sein muss.

Der/Die respektvolle AthletIn wird also ohne verbotene Substanzen darauf abzielen, besser zu sein als die Konkurrenten. Das ist angesichts der Verlockungen nicht einfach, es geht um Ruhm und Geld, bisweilen auch um viel Geld. Das wirkliche Ausmaß des Dopings im Sport ist ein großes Dunkelfeld.

Im Sport ist für den respektvollen Umgang entscheidend, ob Regelverstöße sanktioniert werden können. Selbstverständlich bestehen umfangreiche Strafkataloge, die drauf ausgerichtet sind, Respekt in der Praxis zur Geltung zu verhelfen.

Das bedeutet auch, eine bessere Leistung anzuerkennen, ohne darauf neidisch zu sein. Eine solche Verhaltensweise ist im Sport besonders angebracht, sie gilt aber für alle Lebensbereiche: ob am Arbeitsplatz, in der Schule oder Hochschule, im Grunde überall, wo Leistung gemessen und verglichen wird. Dabei ist zweitrangig, ob das Messen der Leistung mit den entsprechenden Maßstäben sinnvoll ist oder nicht. Wir kennen genügend Beispiele, in denen das Messen eher fragwürdig ist, insbesondere auf dem Gebiet der Bildung.

Ein weiteres großes Feld zur Bedeutung des Respekts stellt der Umgang zwischen den **Generationen** dar. Es sind in diesem Zusammenhang oft die vielen kleinen Beispiele im Alltag, die eine Rolle spielen. Ältere Erwachsene haben allzu oft den Eindruck, dass es jüngere Menschen an Respekt fehlt. Dabei ist es doch einfach, im Bus oder der Tram einen älteren Erwachsenen einen Sitzplatz anzubieten oder ihm den Vortritt auf dem Zebrastreifen zu lassen oder auf dem Bürgersteig Platz zu lassen und nicht nur den Blick aufs Handy zu haben und, und, und. Kleine Beispiele, die aber große Wirkung eines höflichen Verhaltens an den Tag legen. Es ist in diesen Fällen ganz einfach, die Achtung vor älteren Jahrgängen zu schätzen. Allerdings gelten die entsprechenden Anforderungen an achtsames Verhalten auch für die älteren Menschen. Respekt ist eine Angelegenheit dialogischen Verhaltens.

Insofern gilt das Gebot der Höflichkeit auch für ältere Erwachsene gegenüber jüngeren Menschen. Respekt ist ein Verhalten, das auf Zweiseitigkeit beruht, in allen gesellschaftlichen Bereichen. Ältere Erwachsene benehmen sich gegenüber jüngeren Menschen auch oft respektlos.

Diskriminierung

Dieses Thema kennen wir alle. **Diskriminierung** tritt in vielfältigen Formen auf: gegenüber älteren Menschen, gegenüber Frauen, gegenüber Zugewanderten, gegenüber Andersdenkenden usw.

Wir wissen, die Anerkennung der Menschenwürde verlangt, jede Form von Diskriminierung zu unterlassen.

Auf die Anforderung der Gleichwertigkeit ist bereits mehrfach hingewiesen worden. Respekt bedeutet, keine Herabwürdigung wegen der Religion, Hautfarbe, der Sprache, der sexuellen Orientierung oder der Herkunft.

Auch in dieser Hinsicht bietet der Sport vielfältige Beispiele gleichwertigen Umgangs mit anderen. Insofern können wir vom Betätigungsfeld „Sport" viel für andere Bereiche lernen.

Dabei hilft, durch Sanktionen für respektvolles Verhalten zu sorgen. Wenn wir darüber reden, was Respekt wirklich bedeutet, spielen Maßnahmen, die im Falle der Respektlosigkeit ergriffen werden können, eine wichtige Rolle. Es geht nämlich dann auch darum, zu wissen, dass ich mit bestimmten Bestrafungen rechnen muss. Das bedeutet, Respekt und Sanktion bilden einen inneren Zusammenhang. Noch einmal sei der Hinweis auf den Sport erlaubt: er belegt, die Wirksamkeit von Gegenmaßnahmen. Das gilt für Dopingverstöße ebenso wie für Tätlichkeiten im Spiel, die mit drastischen Strafen belegt sind. Das ist den Sportlern/Sportlerinnen bewusst.

Respekt ist ein Ausdruck für eine **persönliche Grundhaltung**. Respekt wird nicht angeboren, er muss vielmehr erlernt werden und immer wieder auf den Prüfstand gestellt werden. Respekt ist mehr als Toleranz, Respekt lebt von der Wechselseitigkeit, es gehören mindestens zwei Personen dazu.

Respekt lehnt jede Form von Diskriminierung ab. Kulturelle Vielfalt ist für eine respektvolle Grundhaltung essenziell. Die Akzeptanz von Gleichwertigkeit ist grundlegend, selbst ernannte Respektpersonen sind mit Vorsicht zu genießen.

Respekt heißt, den/die anderen/andere gleichermaßen wertzuschätzen wie sich selbst. Das bedeutet, andere Menschen nicht niedriger zu bewerten, weil er/sie einen bestimmten sozialen Stand, einen bestimmten Beruf, Vermögen hat oder nicht hat, gebildet oder ungebildet ist, eine bestimmte Religion vertritt, eine bestimmte Hautfarbe hat, ein bestimmtes Geschlecht hat oder, oder.

„Man sei fröhlich und freundlich gegen solche Leute, denen das Glück nicht gerade eine so reichliche Summe nichtiger zeitlicher Vorteile zugeworfen hat als uns, und ehre das wahre Verdienst, den echten Wert des *Menschen* auch im niederen Stande" (Adolph Freiherr von Knigge, S. 115).

Beachte

Respekt ist höherwertig gegenüber der Toleranz. Während Toleranz nur die Duldung eines anderen Verhaltens meint, beruht Respekt auf der Grundlage der Anerkennung des jeweilig Anderen – unabhängig von der Hautfarbe, Religion, Kompetenz, Rasse, dem Bildungsstand usw. Der Sport liefert in dieser Hinsicht viele positive Beispiele. Wenn du selbst nicht diskriminiert werden willst, tue dies auch gegenüber anderen nicht. Dies ist die einfache Verhaltensformel als Grundregel für alle.

5

Gelebter Respekt.
Konkrete Handlungsfelder. Beispiele: Schule, Verkehr, Familie, Sport, Kirche etc.

Zusammenfassung Die Schule ist eines der wichtigsten, wenn nicht das wichtigste Handlungsfeld zur Vermittlung des Respekts. Dies umso mehr, als wir es in der Schule mit unterschiedlichen Akteuren/Interessensträgern zu tun haben (LehrerInnen, SchülerInnen, Eltern, Schulämter, Ministerien). Und die Akteure machen ihre Interessen auch deutlich sichtbar, sodass Konflikte vorprogrammiert sind. Daher ist die Verankerung des Themas „Respekt" in Lehrplänen besonders wichtig. Nicht viel weniger gilt der Verkehr als bedeutendes Erfahrungsfeld für respektvollen Umgang im Alltag. Die Umsetzungschancen sind folgerichtig sehr groß. Nächstes großes Handlungsfeld bildet die Familie – soweit sie noch als erzieherische Instanz wirkt. Sie kann/sollte als eine Instanz fungieren, die versucht, eine Art Bündelung der Interessen vorzunehmen, also Richtungen vorzugeben. Ihr Vorbildcharakter kann ausschlaggebend sein. Der Sport verdient eine besondere Beachtung, auch deswegen, weil der Organisationsgrad bei Kindern und Jugendlichen besonders hoch ist. Der respektvolle Umgang, das Fair Play ist quasi essenziell im Sport, er bildet eine primäre Plattform für das Erlernen des Respekts. Bleibt noch das Lernfeld „Kirche", das als besonders kritisch einzustufen ist, wenn es um respektvolle Erziehung geht.

© Der/die Autor(en), exklusiv lizenziert an Springer Fachmedien Wiesbaden GmbH, ein Teil von Springer Nature 2026

H. Zielinski, *Respekt*, https://doi.org/10.1007/978-3-658-51147-0_5

Beispiel Schule

Die Schule stellt eines der schwierigsten Handlungsfelder bei unserem Thema dar. Dies liegt wesentlich daran, dass wir es in diesem Fall mit einer ganzen Reihe von Akteuren zu tun haben: SchülerInnen, LehrerInnen, Erziehungspersonen, Schulämter, Ministerien und Anwälten. Das Wesentliche hierbei: nur selten haben diese Akteure gleichgesinnte Interessen, sie liegen oft im Streit, was für die Vermittlung des Respekts wichtig ist.

Nehmen wir zunächst die **Ebene der SchülerInnen**. Ihr Interesse ist klar: sie wollen möglichst erfolgreich sein, das heißt, sie wollen gute Noten haben. Ob dies gelingt, hängt in erster Linie von der eigenen Leistung ab, auch wenn dies SchülerInnen nicht immer wahrhaben wollen. Allerdings ist die objektive Leistungsmessung grundsätzlich nicht einfach. Alle Bewertungen durch LehrerInnen haben auch eine subjektive Einschätzung, die sich nicht immer mit den Einschätzungen der SchülerInnen decken. Damit werden Spielräume geöffnet zugunsten der SchülerInnen, die sie zu nutzen verstehen. Insbesondere dann, wenn es um Bewertungen im Grenzbereich zwischen Noten geht, nimmt das Konfliktpotenzial zwischen Lehrkräften und SchülerInnen zu.

Die wichtigsten Akteure im Schulbereich sind die **LehrerInnen**, die v. a. als bewertende Instanz keinen leichten Stand haben. Eines wissen wir auch: Über Bewertungen in der Schule hat es schon immer Streit gegeben. Aber die Lage in der Schule hat sich verändert – mit Blick auf die wichtigsten Akteure. LehrerInnen sind nicht mehr die bedingungslosen Autoritätspersonen, die sie einmal in den fünfziger und sechziger Jahren des vorigen Jahrhunderts in Deutschland waren. Die Einschätzungen der LehrerInnen gegenüber SchülerInnen waren gültig: Spielräume für Debatten zwischen beiden Akteuren hat es nicht gegeben. Dieses Verhältnis hat sich geändert, was zu begrüßen ist. SchülerInnen haben ein gewisses Mitspracherecht, das Lehrkräfte einzubeziehen haben. Das bedeutet aber nicht, dass damit mehr Gerechtigkeit in der Bewertung vorherrscht, sie ist aber schwieriger geworden.

Und: die Herausforderungen für die Lehrkräfte sind größer geworden. Ihre unumstößliche Autorität in der schulischen Praxis ist nicht mehr gegeben – ohne dies bewerten zu wollen. Damit werden Spielräume für andere Akteure geöffnet.

Eine weitere wichtige Veränderung betrifft die Position der **Eltern/Erziehungspersonen**. Ihr Einfluss hat sich sehr zum Vorteil der Erziehenden verändert, sie sind ein wichtiger Akteur geworden. Das gilt nicht nur für den Bereich der Bewertungen, sondern generell für das Handlungsfeld „Schule".

Fühlen sich SchülerInnen ungerecht behandelt (von wem auch immer) schalten sich Erziehungspersonen ein und immer primär im Interesse der SchülerInnen. Lehrkräfte haben dann einen schweren Stand. Leider beginnt dieser Prozess der Einflussnahme durch Erziehungspersonen bereits in den Grundschulen. Lehrkräfte können davon ein Lied singen. Nun ist die Beteiligung der Erziehungspersonen am Lernprozess der SchülerInnen per se zu begrüßen. Nur: der Einfluss wird immer im Interesse der SchülerInnen wahrgenommen und wird besonders krass bei den Bewertungen.

Die Leistungsmessung durch Lehrkräfte wird häufig in Frage gestellt und auf anwaltlichem Weg eingeklagt.

Weitere wichtige Akteure im Schulbereich sind Schulämter/Ministerien, deren Einflussbereich nicht zu unterschätzen ist. Während die Ministerien in erster Linie für die Rahmenbedingungen zu sorgen haben – außer den Schulgebäuden, für die sind Kommunen/Landkreise verantwortlich – nehmen die Schulämter die Aufsicht gegenüber den Schulen wahr; sie fungieren insofern als verlängerter Arm der Ministerien.

Im Schulalltag haben die Aufsichtsämter eine zentrale Funktion, spielen aber eine nicht so sehr sichtbare Rolle. Sie werden von den hauptsächlichen Akteuren wenig in Anspruch genommen. Das ist selbstverständlich bei den Ministerien anders gelagert. Sie bestimmen über das Lehrpersonal, die Inhalte des Lernens und die Ausstattung der Schulen.

Demnach haben Ministerien bei der Lösung schulischer Alltagsprobleme eine eher untergeordnete Funktion. Stärker sind in den Gestaltungsprozess schon die Kommunen/Landkreise eingebunden. Sie sind es, die für die Gebäude und die entsprechenden Freiflächen (Schulhöfe) zuständig sind. Insbesondere die Gestaltung der Schulhöfe ist in den letzten Jahren zum Thema geworden: bewegungsfreundliche Schulhöfe werden von den SchülerInnen mit Freude angenommen. Schade, dass der Umgang mit den Einrichtungen zu oft respektlos ist. Die Erscheinungsformen des Vandalismus sind alltäglich, was dann dazu führt, dass die Schulhöfe eingezäunt werden.

Hier könnten Kinder und Jugendliche an ihre eigene Verantwortung im Umgang mit öffentlichem Eigentum appellieren. Es wäre so einfach, achtsam zu sein. Das gilt auch in hohem Maße für die sanitären Anlagen.

Dieser Appell gilt selbstverständlich für den Umgang mit allen Formen fremden Eigentums. Wir haben schon mehrfach auf den engen Zusammenhang zwischen Respekt und persönlicher Grundhaltung hingewiesen. Gerade der Umgang mit fremdem Eigentum wird von der charakterlichen Einstellung geprägt, vorbildliches persönliches Handeln ist hierbei besonders wichtig. Die Schule ist hierfür ein zentrales Lernfeld.

Beachte

- Insbesondere die Schule ist ein Ort, in dem respektvolles Handeln eine große Chance hat.
- Dabei kommt es auf alle Akteure im schulischen Alltag an: SchülerInnen, LehrerInnen, Erziehungspersonen und Schulämter.
- Es erscheint durchaus angebracht, ein entsprechendes Schulfach in die Curricula einzubauen. Es könnte allen helfen, v. a. den SchülerInnen selbst. Auf das positive Beispiel aus dem Land Hessen wird auf den folgenden Seiten hingewiesen.
- Denn das Verhalten der SchülerInnen untereinander bedarf dringend Verbesserungen. Mobbing unter SchülerInnen, das ist ein Thema, das immer brisanter wird.

Gemeint ist das wiederholte Schikanieren oder Belästigen einer einzelnen Schülerin oder eines Schülers durch Mitschüler, in der Regel ist es böswillig. Es kann in verbaler, physischer oder sozialer Form geschehen und soll den/die SchülerIn ausgrenzen. In der Regel tritt **Mobbing als wiederholte Handlung** auf. Die Folgen für betroffene SchülerInnen sind oft gravierend. Jeder/Jede SchülerIn sollte sich darüber im Klaren sein. SchülerInnen sollten sich massiv dafür einsetzen, Mobbing zu unterbinden.

Ein hervorragendes Beispiel, die Selbstbehauptungskompetenzen der Kinder gegenüber Gleichaltrigen und Erwachsenen zu stärken, ist das Projekt „Cool and Safe" – ein interaktives Training für Kinder im Alter von 7–12 Jahren.

Noch einmal:
Für die betroffenen SchülerInnen sind die unterschiedlichen Formen sehr negativ, und zwar als

* Wiederholungsaspekt,
* Schädigungsabsicht,
* Machtungleichgewicht oder
* Hilflosigkeit.

Auch die Anwendung von Gewalt kommt häufig vor. Umso erstaunlicher, dass das Thema zu wenig systematisch in der Schule aufgegriffen und bekämpft wird. In anderen Bereichen ist das längst der Fall. Die Gewalt an Schulen hat weiter zugenommen. Im Jahr 2024 hat es knapp 27.000 Gewaltdelikte (gemeldete) gegeben, 1500 Fälle mehr als ein Jahr zuvor (Welt am Sonntag). Auch bei der Bekämpfung von Mobbing in der Schule gilt: SchülerInnen mit starkem eigenem Selbstbewusstsein bestehen die Mobbing-Konflikte eher.

Beispiel aus der Praxis: Werteunterricht in Hessen

Das Bundesland Hessen bietet aktuell den **Werteunterricht** für geflüchtete Kinder und Jugendliche in speziellen Klassen an, sog. Intensivklassen. Es stellt einen verpflichtenden Unterricht von zwei Stunden pro Woche im Rahmen des deutschen Spracherwerbs dar. Dieser Unterricht soll helfen, sich in die hiesigen Normen und Werte zu integrieren. Die Initiative soll im kommenden Schuljahr auf Regelklassen ausgeweitet werden.

Im Sinne der Wertevermittlung eine großartige Idee. Die Ziele bestehen darin, „geflüchteten und zugewanderten Kindern und Jugendlichen die Grundlagen der deutschen Kultur, Gesellschaft und Demokratie zu vermitteln" (Hessisches Ministerium für Kultus, Bildung und Chancen, S. 1).

„Die Unantastbarkeit der Menschenwürde, Respekt, Meinungsfreiheit und Partizipation sind grundlegende Werte. Damit diese und andere Werte von jungen Menschen getragen und weiterentwickelt werden können, braucht es Räume, in denen sie erfahren, reflektiert und eingeübt werden" (Ebenda, S. 6).

Es soll ein neuer Weg sein, dass Lehrkräfte mit SchülernInnen ins Gespräch kommen.

„Respekt, gegenseitige Achtung und Wertschätzung, Friedfertigkeit und Toleranz sind hierfür unverzichtbare Voraussetzungen. Es gilt, dies immer wieder ins Bewusstsein zu rücken und im täglichen Miteinander zu praktizieren" (Ebenda, S. 8).

Diese Formulierungen sind ganz im Sinne des vorliegenden Bandes. Die entsprechende Handreichung vermittelt Anregungen für die Schul- und Unterrichtsentwicklung. Sie will erreichen, dass **Werte in den Schulen** auch gelebt werden.

„Werte- und Demokratiebildung im Unterricht bedeutet daher mehr als die Behandlung bestimmter Themen: Sie befähigt SchülerInnen, eigene Überzeugungen zu reflektieren, sich mit unterschiedlichen Perspektiven auseinanderzusetzen und im sozialen Miteinander verantwortlich zu handeln.

Dabei ist grundlegend, dass Werte nicht gelehrt werden können wie Faktenwissen. Sie erschließen sich über Dialog, Erfahrung, Erleben und kritische Reflektion. Werte- und Demokratiebildung ist kein zusätzlicher Baustein, sondern ein integrales Prinzip pädagogischen Handelns. Unterricht bietet vielfältige Anknüpfungspunkte, unaufwändig Werte zu thematisieren, erfahrbar zu machen und einzuüben – direkt wie indirekt" (Ebenda, S. 8).

Neben der Vermittlung von Schlüsselkompetenzen wie Konfliktfähigkeit oder Verantwortungsbewusstsein sind die inhaltlichen Schwerpunkte von Bedeutung:

- **Respekt**: Gegenseitiger Respekt vor Mitschülern, LehrerInnen und der Schulgemeinschaft.
- **Toleranz**: Akzeptanz von Unterschieden in Herkunft, Kultur und Religion.
- **Hilfsbereitschaft**: Unterstützung und Zusammenarbeit innerhalb der Klasse und der Schulgemeinschaft.
- **Verlässlichkeit**: Pünktlichkeit, Erfüllung von Aufgaben und Verantwortungsübernahme.
- **Höflichkeit**: Gebrauch von Anstandsformen und respektvoller Umgang miteinander.
- **Nachhaltiges Handeln**: Umweltbewusstsein und verantwortungsvoller Umgang mit Ressourcen.
- **Ordnungssinn**: Strukturierte Arbeitsweise und Verantwortungsübernahme für die eigene Lernumgebung.
- **Gerechtigkeit**: Faire Behandlung aller SchülerInnen und Einhaltung von Regeln.

Für die Vermittlung der Werte ist wesentlich, dass über die Werte nicht nur Verbote und entsprechende Sanktionen bestehen, sondern dass auch erwünschtes Verhalten positiv formuliert wird. SchülerInnen sollen nachvollziehen, dass mit dem Verfolgen von Werten und bestimmten Regeln **Vorteile für alle** verbunden sind.

Der große Vorteil des vorliegenden Konzeptes zum Werteunterricht liegt darin, dass es die Werte praxisnah vermittelt. Dem Tenor des vorliegenden Bandes folgend, wird der Sportunterricht als besonders geeignet angesehen, „zentrale Werte wie Fairness, Respekt, Teamgeist und Selbstdisziplin direkt zu erleben und einzuüben" (Ebenda, S. 24). Das Einhalten von Regeln wird auch als Chance betrachtet, demokratische Prinzipien zu erlernen.

Hierbei eignen sich Mannschaftssportarten ganz besonders gut, regelkonformes Verhalten einzuüben. Es liegt auf der Hand, dass bei der Wertevermittlung dem Deutschunterricht eine besondere Bedeutung zuwächst, ähnlich wie dem Geschichtsunterricht oder sozialen Bildungsfächern. SchülerInnen sollen bei der Vermittlung von Werten auch lernen, zwischen verlässlichen Informationen und Fehlinformationen zu unterscheiden. Im täglichen Umgang „aller an Schulen Beteiligten ist es wichtig, auf Respekt im Umgang miteinander zu achten, fehlenden Respekt und Diskriminierungen zu thematisieren ..." (Ebenda, S. 40).

Ein Vorteil des Werteunterrichtes ist auch, dass er breit aufgestellt ist und SchülerInnen, Lehrkräfte, Eltern, Schulämter und Partner mit einbezieht als zentrale Akteure für die Gestaltung des Schulunterrichts. Werte- und Demokratiebildung wird als gemeinsame Aufgabe für die gesamte Schule verstanden. Schule wird – auch im Sinne des vorliegenden Bandes – als besonders prägender Erfahrungsraum für soziale und moralische Orientierung verstanden.

Die herausragende Bedeutung der Schulen wird noch einmal unterstrichen: „In einer offenen, demokratischen und pluralistischen Gesellschaft sind gemeinsame Werte keine bloße Zugabe, sondern eine grundlegende Voraussetzung für ein gelingendes und respektvolles Miteinander" (Ebenda, S. 8). Dem ist nur noch zuzustimmen mit dem Hinweis, dass neben dem Werteunterricht den Schlüsselkompetenzen wie „Empathie, Konfliktfähigkeit, Selbstregulation und Verantwortungsbewusstsein" besonders wichtig sind (Ebenda, S. 1).

Mit der Vermittlung dieser Schlüsselkompetenzen im Kontext einem auf Respekt beruhenden Werteunterrichts sollte es möglich sein, junge Menschen an eine demokratische Gesellschaft heranzuführen. Wir müssen die Umfragen ernst nehmen, nach denen 40 % der Bevölkerung überzeugt sind, ihre Meinung nicht mehr frei äußern zu können.

Nur **Meinungsfreiheit garantiert auch die Freiheit**, sich von anderen unterscheiden zu dürfen. Damit sollen auch Minderheiten vor dem Anspruch von Mehrheiten geschützt werden. Demokratie hat vornehmlich die Aufgabe, auch diejenigen zu schützen, die nicht zur Mehrheit zählen.

Beispiel Verkehr

Auf diesem Gebiet kennen wir uns fast alle aus. Es stellt eines der Felder dar (siehe dazu auch weiter unten), auf denen ein hohes Maß an Respektlosigkeit herrscht. Umso mehr sind wir angehalten, auf diesem **Handlungsfeld Respekt** zu zeigen. Und die Chancen für entsprechendes Verhalten sind vielfältig:

* Dazu ist die Achtsamkeit gegenüber anderen VerkehrsteilnehmerInnen deutlich zu erhöhen, insbesondere im Autoverkehr.
* So ist es einfach, die Vorfahrt zu achten, es reicht die nötige Aufmerksamkeit.
* Das Zu-Dicht-Auffahren ist leider allzu häufig: Einfach Abstand halten.
* Vor dem Zebrastreifen den Fußgängern den Vortritt lassen.
* Hohe Aufmerksamkeit gegenüber Radfahrern, die allerdings auch darauf zu achten haben, dass sie nicht allein auf der Straße sind, vor allem gegenüber Fußgängern.
* Verhalten auf dem Bürgersteig: auch hier auf andere Nutzer achten, die Platz brauchen.
* Beim Parken darauf achten, dass andere VerkehrsteilnehmerInnen den Parkraum ohne Probleme verlassen können. Behindertenparkplätze den Betroffenen lassen.
* Mehr Rücksicht gegenüber behinderten Menschen im Verkehr, nicht nur auf der Straße.
* Mehr Achtung untereinander im öffentlichen Personennahverkehr und im Fernverkehr.
* Selbst im Flugverkehr ist es sinnvoll, mehr Rücksicht untereinander auszuüben!

Beachte

Generell ist das Handlungsfeld „Verkehr" ein exzellentes Übungsfeld für mehr Respekt, sind davon doch fast alle Menschen als Verkehrsteilnehmer betroffen. Gerade mit Blick auf positive Vorbilder entfaltet der Verkehr eine große Wirkung in der gesamten Gesellschaft. Entsprechende Schulungen sind daher schon frühzeitig sinnvoll und sollten in den Schulen beginnen.

Beispiel Familie

Wenn wir über das Handlungsfeld „Verkehr" beraten, so ist das Handlungsfeld „Familie" nicht geringer einzuschätzen. Selbstverständlich vor allem deswegen, weil grundsätzlich der Einfluss gegenüber den Kindern von Geburt an möglich ist.

Wir haben an verschiedenen Stellen über den „**unbedingten Dialog**" als Voraussetzung für Respekt gesprochen, eine Kondition, die für Familien (Erziehungspersonen, Kinder, Großeltern) in besonders starker Form gilt – mit großem Vorbildcharakter.

Das gilt in erster Linie für die Beziehungen zwischen Erziehungspersonen/Eltern. Denn nur wenn sich die Erziehungspersonen wechselseitig respektieren, wird dieser Vorbildfunke auch auf die Kinder überspringen (bei Alleinerziehenden entfällt diese Wirkung selbstverständlich).

Das bedeutet auch, dass das Verhältnis zwischen Erziehungspersonen nicht hierarchisch geordnet ist, sondern auf Augenhöhe funktionieren muss. Damit ist auch verbunden, dass es in Konfliktlagen immer den Versuch zum Konsens geben sollte. Der respektvolle Umgang zwischen den Erziehungspersonen ist also nicht verhandelbar.

Wir wissen auch, da müssen viele Eltern (in der Regel) noch viel üben.

Wenn die Vorbildfunktion wirkt, wird das Beziehungsgeflecht mit den Kindern davon erheblich profitieren, ja es ist dann auch vom positiven Umgang geprägt. Das muss Eltern bewusst sein, und zwar immer.

Achtung im alltäglichen Umgang der Erwachsenen, das ist die Herausforderung. Sie schließt aber Konflikte zwischen Erwachsenen nicht aus, nur – und das ist entscheidend – nicht vor Kindern und Jugendlichen austragen.

In Problemfällen sind sachliche Aufklärung und ehrlicher Umgang miteinander notwendig. Es ist doch klar: für die Kinder erkennbare Konflikte und Auseinandersetzungen übertragen sich auf das Verhalten der Kinder. Deren Reaktionen sind in der Regel dann noch viel schwieriger einzuschätzen. Daher aus Erziehersicht: immer an die Vorbildfunktion denken. Die Kinder werden es Ihnen danken.

Beispiel Sport

Wir haben in vergangenen Kapiteln verschiedentlich auf die große **Bedeutung des Sports** hingewiesen, die wir noch einmal unterstreichen.

Besonders pointiert ist die Bedeutung des Sports als Vorbildcharakter hervorzuheben. Der Sport ist in Spitze und Breite ein Massenphänomen, jedes Wochenende sind geschätzt allein im organisierten Sport viele Millionen Menschen aktiv. Wir sollten verankern: Sportliche Aktivitäten wirken sich positiv auf Herz, Kreislauf und Stoffwechsel aus und auf Gehirn und Psyche.

Damit hat der Sport von allen gesellschaftlichen Bereichen die größte Wirkung. Diese Vorbildfunktion muss dem Sport immer wieder bewusst werden. Bedauerlicherweise sind es die negativen Fälle, die (in der Öffentlichkeit) bekannt werden. Die tausendfachen positiven Beispiele der Fairness, Toleranz und der Achtung werden zu wenig nach außen getragen.

Dies liegt auch an der medialen Kommunikation, die den Normalbetrieb im Sport zwar berichtet, aber positive Beispiele nur ausnahmsweise ausdrücklich aufnimmt. Dies lässt sich leicht ändern, in dem das Handlungsfeld „Sport" positiv und exemplarisch dargestellt wird: übrigens eine wunderbare Aufgabe der Zukunft.

Dabei ist allen Akteuren auch bewusst: Gerade im Spitzensport ist der Missbrauch durch TrainerInnen gegenüber den SportlerInnen leider allzu häufig Realität, wie die Beispiele in vielen Sportarten zeigen.

Beispiel Kirche

Grundsätzlich ist die **Kirche** ein Handlungsfeld, das per se beim Thema „**Respekt**" gar keiner besonderen Erwähnung bedarf, sie steht eigentlich für respektvollen Umgang. Und doch erfordert die Praxis auch für die Kirche den expliziten Umgang. Denn die letzten Jahre haben eine Welle des Missbrauchs an die Öffentlichkeit gebracht, die für den/die NormalbürgerInnen völlig unverständlich ist. Sie hat dann auch die Kirche in ihren Grundfesten erschüttert. Die Negativ-Beispiele des Missbrauchs haben dazu geführt, dass die eminent wichtige positive Wirkung der Institution Kirche in den Hintergrund gedrängt worden ist. Denn die abendländische christliche Kirche hat nach wie vor große Strahlkraft in die Gesellschaft, die allerdings einer Erneuerung bedarf.

Insbesondere die Vorbilder der helfenden Kirche und ihre Sozialverbände wirken in der Praxis. Es liegt wesentlich an der Kirche selbst, diese positive Wirkung wieder stärker in das Blickfeld der Öffentlichkeit zu rücken und damit das Miteinander der Individuen zu stärken und somit der urchristlichen Aufgabenstellung gerecht zu werden.

Beachte

Wir haben eine ganze Reihe von Handlungsfeldern benannt, auf denen Respekt gelebt wird. Die Schule ist mittlerweile das wichtigste Handlungsfeld mit der großen Bedeutung für alle Akteure. Die Möglichkeiten, Respekt in den Schulen einzuhalten, sind riesig.

Ihre Bedeutung ist größer als der Bereich der Familie oder der Verkehrsbereich. Der Sport dient hierbei als Vorbild, allerdings viel stärker als die Kirche, mit ihren erheblichen Bedeutungsverlusten. Der Gedanke des respektvollen Umgangs der Gläubigen untereinander ist dringend zu aktivieren. Es ist sicherlich schwierig, aber sinnvoll, wenn es in der Angelegenheit „Respekt" auch gemeinsame Programme der unterschiedlichen Akteure gibt.

Ein hervorragendes Beispiel ist im Folgenden aus der Justizvollzugsanstalt Rockenberg darstellt, einer Einrichtung für Jugendliche und junge Erwachsene.

Tom Kreiß, Sportlehrer in der Justizvollzugsanstalt Rockenberg

Was verstehen Sie grundlegend unter Respekt?

Respekt bedeutet für mich, den anderen, mit all seinen Stärken, Schwächen und auch den Fehlern so zu akzeptieren, wie er ist. Im Sport, besonders im Jugendvollzug, geht es nicht nur darum, Regeln zu befolgen, Aufforderungen Folge zu leisten oder Autoritäten zu respektieren, sondern eher um das Verständnis, dass jeder ein Recht auf ein faires und respektvolles Miteinander hat. Für mich ist das zum einen auf Augenhöhe zu kommunizieren, zuzuhören und zum anderen zu vermitteln, Verantwortung für das eigene Verhalten zu übernehmen. In meiner Arbeit als Sportlehrer im Jugendvollzug ist es daher von großer Bedeutung, sowohl die Leistungen anderer als auch die eigenen mit Respekt zu würdigen, da Sport mehr als nur körperliche Betätigung darstellt und einen Raum bietet, in dem Werte wie Fairness und Disziplin aktiv vermittelt und erlernt werden können.

Welche hauptsächlichen Gründe sehen Sie für Respektlosigkeit?

Respekt sollte die Grundlage für jede gesunde zwischenmenschliche Beziehung sein. Doch gerade im Kontext des Jugendvollzugs fällt es vielen Jugendlichen schwer, respektvoll miteinander umzugehen. Die Mischung aus persönlichen Erlebnissen und schwierigen sozialen Umständen spielen hier eine entscheidende Rolle. Neben Gewalt, Ablehnung und Vernachlässigung kann auch der Mangel an stabilen familiären Strukturen oder das Fehlen von positiven Vorbildern zu einem gebrochenen Selbstwertgefühl und schließlich zu Respektlosigkeit führen. Viele Jugendliche haben nie gelernt, wie man respektvoll miteinander umgeht, weil sie dieses Verhalten nie vorgelebt bekommen haben. Wer oft das Gefühl hat, in der Gesellschaft oder in seiner Umgebung ungerecht behandelt zu werden, entwickelt nicht selten Aggression und Misstrauen gegenüber anderen. Wenn Jugendlichen ständig vermittelt wird, dass sie weniger wert sind, entsteht eine Art Verteidigungshaltung, die als Respektlosigkeit wahrgenommen wird. Sie kämpfen um ihren Platz, nicht weil sie andere nicht respektieren, sondern weil sie sich selbst nicht respektiert fühlen.

Die gelernten Verhaltensmuster aus der Vergangenheit sind entscheidend. In vielen Fällen haben sie in ihrem Umfeld nie erlebt, wie man Konflikte respektvoll löst. Stattdessen haben sie Gewalt oder Macht als Lösungsstrategie kennengelernt. Dieses Verhalten übernehmen sie dann und sehen es als einzigen Weg, sich Respekt zu verschaffen. Aggression wird in ihrem Umfeld als Ausdruck von Stärke und Respekt verstanden, obwohl es in Wirklichkeit oft zu noch mehr Ablehnung und Missverständnissen führt. Hinzu kommen die fehlenden sozialen Kompetenzen. In den meisten Fällen wissen viele nicht, wie man sich respektvoll in einer Gruppe verhält, wie man Konflikte auf gesunde Weise löst oder wie man auf konstruktive Weise um Anerkennung bittet.

Welche konkreten Handlungsfelder sehen Sie besonders im Sport in ihrer Einrichtung?

Im Sport bestehen eine Reihe von Handlungsfeldern, die nicht nur die sportlichen Fähigkeiten fördern, sondern vor allem auch Respekt und respektvolles Verhalten. Besonders im Jugendvollzug, wo Jugendliche oft mit schwierigen Erfahrungen und gebrochenem Selbstwert zu kämpfen haben, kann Sport ein entscheidendes Mittel sein, um soziale Werte zu vermitteln und Respektlosigkeit entgegenzuwirken. Folgende Handlungsfelder bieten sich an:

Teamarbeit und Zusammenarbeit: Im Sport geht es nicht nur um individuelle Leistung, sondern vor allem um Zusammenarbeit und Teamgeist. Sportliche Aktivitäten, bei denen Teamarbeit erforderlich ist (Fußball, Basketball oder Volleyball) bieten die perfekte Gelegenheit, diese Werte zu üben. Der Umgang mit Siegen und Niederlagen ist elementar und in der Entwicklung sehr wichtig. Wenn ein Team gewinnt, ist es das gemeinsame Resultat aller. Bei einer Niederlage müssen alle lernen, Verantwortung zu übernehmen und sich gegenseitig zu unterstützen, anstatt sich gegenseitig die Schuld zuzuweisen. Genau diese Fähigkeit zur konfliktfreien Kommunikation ist essenziell, um Respekt in der Gruppe zu etablieren. Wer lernt, in einem Team zusammenzuarbeiten, lernt auch, die Perspektiven und Bedürfnisse der anderen zu respektieren und fair zu handeln.

Disziplin und Fairness: Disziplin im Sport ist nicht nur die Fähigkeit, sich selbst zu motivieren und Leistung zu zeigen, viel mehr auch die Fähigkeit sich mit den Regeln, Werten und Normen zu befassen. Respekt gegenüber den Mitspielern, den Trainern und auch gegenüber den eigenen Leistungen sind zentral. Das respektvolle Verhalten im Sport überträgt sich oft in den Alltag der Jugendlichen. Wer im Wettkampf Fairness zeigt, wird auch in sozialen Situationen die Spielregeln des respektvollen Umgangs verstehen und einhalten. Das bedeutet, dass Sport nicht nur eine körperliche, sondern auch eine pädagogische Funktion erfüllt. Es geht nicht nur darum, zu gewinnen, sondern auch darum, auf respektvolle Weise zu gewinnen oder zu verlieren. Der Sport trägt daher eine große Verantwortung.

Mentoring und Vorbilder: Als Sportlehrer und Trainer gemeinsam mit den Übungsleitern haben wir eine Schlüsselrolle im Aufbau der ganzen Struktur und zentralen Vermittlung. Wir haben die Möglichkeit, durch unser eigenes Verhalten und Interaktionen mit den Jugendlichen ein positives Beispiel zu setzen. In dieser Rolle bin ich nicht nur Pädagoge, sondern auch ein Mentor, der den Jugendlichen nicht nur sportliche Fähigkeiten beibringt, sondern auch als Vorbild fungiert, wenn es darum geht, Respekt zu leben. Es ist entscheidend, dass wir uns als Sportpädagogen unserer Vorbildfunktion bewusst sind, da Jugendliche besonders in dieser Phase ihres Lebens stark auf das Verhalten der Erwachsenen um sie herum reagieren. Wenn wir als Trainer und Lehrer respektvoll, fair und diszipliniert agieren, können wir den Jugendlichen aufzeigen, wie sich respektvolles Verhalten in der Praxis umsetzen lässt.

Eigenverantwortung: Eine der wichtigsten Lektionen, die der Sport vermitteln kann, ist die Übernahme von Verantwortung. Genauer für die eigene Leistung, das Verhalten im Team und das Einhalten von Regeln. Wenn Jugendliche im Sport Verantwortung übernehmen, sei es in der Form, dass sie ihren Teil zum Teamerfolg beitragen, sich selbst motivieren oder sich an die Regeln halten, lernen sie, dass Respekt gegenüber sich selbst und anderen Hand in Hand mit persönlicher Verantwortung geht.

Zusammengefasst kann Sport als ein starkes Betätigungsfeld genutzt werden, um Respekt zu fördern und Respektlosigkeit zu verhindern. Die genannten Handlungsfelder Teamarbeit, Disziplin und Fairness, Mentoring und Vorbilder sowie Eigenverantwortung bieten viele Ansatzpunkte, um Jugendliche in einem positiven sozialen Umfeld zu unterstützen. Durch die bewusste Förderung dieser Werte im Sport können wir den Jugendlichen nicht nur beim sportlichen, sondern auch beim persönlichen Wachstum helfen.

Welche Wirkung sehen Sie für die Strafgefangenen?

Sport hat im Jugendvollzug eine besondere Bedeutung, weil er den Jugendlichen weit mehr bietet als nur Bewegung. In dem von Monotonie, klaren Strukturen und größtenteils angespanntem Umfeld geprägten Alltag, entsteht im Sport ein Raum, in dem Respekt neu gelernt und erfahren werden kann. In unserer Sportabteilung, egal ob auf dem Kunstrasen oder in der Halle, gelten klare Regeln. Ich erlebe oft, dass Jugendliche, die im Alltag mit Struktur und Hierarchie große Schwierigkeiten haben, im Sport funktionieren. Sie merken, wenn sich an die Regeln gehalten werden, läuft's besser. Und nicht nur für das Team, sondern vor allem für einen selbst. Diese Erfolgserlebnisse sind für die Entwicklung ihrer Selbstwirksamkeit von großer Bedeutung.

Besondere Lerngelegenheiten entstehen durch Erfolg und Misserfolg. Sieg und Niederlage sind fester Bestandteil im Sport und somit Übungsfeld. Manche Jugendliche müssen erst lernen, Rückschläge auszuhalten, ohne aggressiv zu reagieren. Andere müssen verstehen, dass Erfolg nicht dazu dient, andere kleinzumachen. In solchen Momenten zeigt sich besonders deutlich, wie Sport dabei helfen kann, soziale Kompetenzen auszubauen und neue Formen des Umgangs miteinander einzuüben.

Wichtig ist zudem das Gemeinschaftserlebnis. Viele Jugendliche kennen Teamarbeit nur aus Situationen, in denen es um Anerkennung oder Zugehörigkeit in problematischen Gruppen ging. Im Sport hingegen erleben sie, wie sich Kooperation, gegenseitige Unterstützung und Rücksichtnahme anfühlen können.

Konflikte entstehen trotzdem, oft auch in speziellem Wohngruppen- oder Kooperationstraining bewusst provoziert, sodass in diesem Rahmen durch Anleitung, Begleitung und Aufarbeitung die Konflikte konstruktiv aufgearbeitet werden können. In solchen Momenten wird oft deutlich, welches Potenzial im Sport als sozialen Lernraum steckt.

Der körperliche Aspekt spielt ebenfalls eine große Rolle. Bewegungsmangel gehört im Vollzug fast immer zum Alltag und Sport bietet den benötigten Ausgleich. Viele Jugendliche spüren direkt, wie körperliche Aktivität Stress abbaut und das allgemeine Wohlbefinden verbessert. Das Training wird so zu einem Ventil, das sie dabei meist unbewusst unterstützt, mit innerer Unruhe und angestauter Energie umzugehen.

Auf der anderen Seite sollten dabei aber die Risiken der sportlichen Angebote im Vollzug nicht übersehen werden. Sport kann bei keiner klaren Anleitung oder Intervention vorhandene Machtstrukturen sogar verstärken. Jugendliche versuchen, ihre körperliche Stärke auszuspielen oder Dominanz zu zeigen. Niederlagen können impulsive Reaktionen auslösen und Peer-Groups oder Rivalitäten können sich schnell in den Sportbereich verlagern. Deshalb braucht Sport im Vollzug eine klare pädagogische Linie mit transparenten Regeln, aufmerksame Begleitung und konsequentes Einschreiten.

Wie aus dem Beispiel „Sport im Strafvollzug" hervorgeht, hat der richtig gestaltete Sport das Potenzial, viel zu bewirken. Durch die bereits erwähnten Handlungsfelder vermittelt er Werte wie Respekt, Fairness und Verantwortungsbewusstsein. Viele merken im Laufe der Zeit, dass sie auf positive Weise Anerkennung bekommen können, dass ihre Leistungen etwas bedeuten und dass Respekt nicht über Gewalt oder Einschüchterung entstehen muss. Wenn ein Jugendlicher nach dem Training spürt, dass er über sich hinausgewachsen ist, dass er wahrgenommen wird und seine eigenen Fortschritte erkennt, dann entsteht etwas, das sich positiv auf viele andere Bereiche seines Lebens auswirkt. Solche Erfahrungen tragen ihn durch den Vollzugsalltag und begleiten ihn auch nach der Entlassung. Zu einer gelungenen Resozialisierung gehört schließlich, dass er lernt, seine Freizeit sinnvoll zu gestalten und stabile Interessen zu entwickeln. Der Sportunterricht kann dafür wichtige Impulse geben und dazu beitragen, dass sich ein neuer Lebensstil herausbildet, zum Beispiel durch den Weg in einen Verein oder durch soziale Kontakte, die im sportlichen Umfeld entstehen und ihm langfristig Orientierung bieten.

6

Respekt als Ausdruck moralischen Anspruchs

Zusammenfassung Moral kann als eine Art Maßstab für individuelles und institutionelles Handeln betrachtet werden. Es wäre einfach, diesen Maßstab umzusetzen, wenn wir alle gleiche Interessen hätten. Das ist bekanntermaßen nicht der Fall. Dies gilt in besonderem Maße aktuell, da die Orientierung darüber, wie Zukunft aussehen soll, außerordentlich schwierig geworden ist. Antworten darauf, was das kollektive Interesse ist, sind mühsam geworden. Auch deswegen, weil die Maßstäbe für moralisches Handeln nicht in Stein gemeißelt sind, sie verändern sich vielmehr im Verlauf der Geschichte. Dabei ist dem Staat eine immer wichtigere Rolle zugewachsen, die ins Wanken gerät, wenn das Vertrauen in staatliches Handeln schwindet, was wir aktuell beobachten können.

Normen

Moralisches Handeln ist an **gesellschaftliche Normen** gebunden, also an die lapidare Frage: was soll sein, wie soll eine gesellschaftliche Ordnung beschaffen sein? Welche Werte gelten, das ist die entscheidende Frage. Moral bündelt die Gesamtheit von Werten und Regeln. Wichtig ist, dass diese

© Der/die Autor(en), exklusiv lizenziert an Springer Fachmedien Wiesbaden GmbH, ein Teil von Springer Nature 2026
H. Zielinski, *Respekt*, https://doi.org/10.1007/978-3-658-51147-0_6

Regeln und Werte von der Gesellschaft als gut und richtig anerkannt werden. Die Moral fungiert also als eine Art Maßstab für individuelles und institutionelles Handeln, es gibt so etwas wie Leitlinien für Akteure vor.

Nun ist das mit einem gleichen Interesse in der Gesellschaft nicht so ganz einfach. Wie schaffen wir es, das Gleichgewicht aller Interessen herzustellen, um das Subjekt des Handelns und das Objekt des Handelnden in Einklang zu bringen? Anders formuliert: das individualistische Handlungskonzept und das soziale System zu harmonisieren.

Das gelingt nur, wenn wir ein **gemeinsam anerkanntes Wertegerüst haben**. Dies setzt ein übereinstimmendes Verständnis über die Grundlagen der Werte voraus. Was hält unsere Gesellschaft zusammen?

Es ist das gemeinsame Verständnis von gesellschaftlichen Normen, solche Normen, die eine allgemeine Gültigkeit haben. Unzweifelhaft braucht jede Gesellschaft Vorstellungen darüber, welches ihre richtige Ordnung ist. Diese Frage findet insbesondere in Krisenzeiten strittige Antworten, also dann, wenn die subjektive Orientierung schwierig ist.

„Das Auseinanderfallen, also die Ungewissheit ist dieser Zeit eigen: nichts steht auf festen Füßen und hartem Glauben an sich: man lebt für morgen, denn das Übermorgen ist zweifelhaft. Es ist alles glatt und gefährlich auf unserer Bahn und dabei ist das Eis, das uns noch trägt, so dünn geworden: wie fühlen alle den warmen unheimlichen Atem des Tauwindes – wo wir noch gehen, da wird bald niemand mehr gehen können" (Friedrich Nitzsche, in: Heinz Wagner, S. 30).

Was hier für hunderte Jahre vor uns gilt, kann auf unser aktuelles Zeitgeschehen übertragen werden. Und das, obwohl das allgemeine Wertegerüst eine im Grunde genommen zeitlose Bedeutung hat. Nur dann ist auch eine Verständigung darüber möglich und darüber was uns für geltende Moral die Wissenschaft, die Ethik, an die Hand gibt.

Gemeinwohl

Das Wertegerüst ist in unserer Gesellschaft entscheidend auf die **Verfolgung des Gemeinwohls** ausgerichtet, die Definition eines kollektiven Interesses oberhalb des Individuums, zumindest als gesellschaftliches Ziel gibt so etwas wie einen ideellen Gesamtwillen. Die Wege zum Gesamtwohl sind allerdings unterschiedlich: entweder durch ein Höchstmaß an individueller

Freiheit oder durch ein Optimum an wirtschaftlicher und sozialer Gleichheit. Damit ist die ethische Norm gekennzeichnet, dass ein Übermaß an individueller Freiheit bei anderen zum Verlust von Freiheit führt.

Die Verfolgung des Gemeinwohls und das Beachten des Wertegerüsts stehen in einem inhaltlichen Zusammenhang. Unter strukturellem Gesichtspunkt können wir hierbei zwei Modelle unterscheiden: das Konsens-Modell und das Konflikt-Modell. Für die Bundesrepublik Deutschland können wir festhalten, dass in der Realität mittlerweile das Konflikt-Modell an Bedeutung gewonnen hat.

Das liegt auch an der enormen Interessenvielfalt, die in Deutschland vorherrscht. Dabei spielt die Rücksichtnahme auf Minderheiten eine wichtige Rolle.

„Eine wirkliche Gemeinschaft ist daran zu erkennen, dass ihre moralischen Standards die menschlichen Grundbedürfnisse all ihrer Mitglieder sowie deren Prioritäten bei konkurrierenden Bedürfnissen spiegeln. Die Menschen haben zwar verschiedene Bedürfnisse, sind aber nicht willkürlich formbar. Die Menschen werden zwar von ihren Gemeinschaften tief beeinflusst, können sich aber ein eigenes Urteil bilden" (Amitai Etzioni, S. 285).

Aufschlussreich ist, dass wir auf einer allgemeinen Ebene noch relativ leicht einen Konsens schaffen können. Doch wenn es um Inhalte geht, werden die Herausforderungen deutlich. Dann verstehen unterschiedlich Akteure unter z. B. „Toleranz", „Menschenwürde", „Fair Play", „Achtsamkeit", „Rücksichtnahme" oder auch „Hilfsbereitschaft" unterschiedliche Umgangsformen. Am leichtesten ist noch das Verständnis von dem Postulat der Menschenwürde, die als unantastbar gilt. Sie gilt z. B. für alle auch unterschiedlichen Geschlechter, doch in unterschiedlichen Kulturen bestehen große Unterschiede über deren Wertigkeit. Die gleichgeschlechtliche Anerkennung steht noch vor großen Herausforderungen.

Der bekannte Philosoph J.-J. Rousseau war mit Blick auf das Gemeinwohl optimistisch, wenn er für den von ihm benannten Gesellschaftsvertrag formuliert: „Wenn man also beim Gesellschaftsvertrag vor allem absieht, was nicht zu seinem Wesen gehört, wird man finden, dass er sich auf folgendes beschränkt: Gemeinsam stellen wir alle, jeder von uns seine Person und seine ganze Kraft unter die oberste Richtschnur des Gemeinwillens; und wir nehmen, als Körper, jedes Glied als untrennbaren Teil des Ganzen auf."

Auch mit Blick auf die Toleranz bestehen unabhängig von Kulturen große Unterschiede: welches Verhalten gegenüber Mitmenschen kann ich noch dulden und wann werden Grenzen überschritten? Das gilt z. B. für sexistische Äußerungen. Männern fehlt es in dieser Beziehung gegenüber Frauen häufig an der nötigen Sensibilität gegenüber dem anderen Geschlecht.

Starke Dissonanzen bestehen auch beim Verständnis des Begriffs der Menschenwürde. Die Akzeptanz ist nicht ohne weiteres gegeben, dass jeder Mensch einen inneren Wert hat – unabhängig vom Alter, dem Geschlecht, der Herkunft, der Religion oder dem sozialen Status. Ein Mensch ist nicht mehr wert, weil er ein schnelleres Auto fährt. Besonders krass fallen auch Verletzungen der Menschenwürde gegenüber Obdachlosen auf, ein besonders verwerfliches Verhalten.

Das Mobbing im Betrieb oder in der Schule verletzt die Würde des Menschen. Selbst die so oft geforderte Höflichkeit im Alltag ist Ausdruck menschenwürdigen Verhaltens. Die Beispiele für negatives aber auch – zum Glück – positives Verhalten ließen sich vervielfachen.

Historische Dimension

Die Debatte über moralisches Verhalten im Zusammenhang mit Respekt ist aber auch nicht einfach, weil das Verständnis von Moral in der Gesellschaft historischen Veränderungen unterliegt. Dies liegt auf der Hand, weil ethische Vorstellungen (im christlichen Abendland) immer einen Bezug zur Praxis hatten und haben, vor allem in Bezug auf das Verhältnis von Individuum und Staat. In einem sehr allgemeinen Entwicklungsstand hat die Bedeutung des Staates seit mehr als 2000 Jahren immer stärker zugenommen. Schon die Gründerväter der politischen Ethik haben im Staat die Vollendung der Gemeinschaftsidee gesehen. Die christliche Idee stellt allerdings den Glauben Gottes über die staatliche Gemeinschaftsidee:

„Die staatliche Obrigkeit muss sich nach den Gesetzen Gottes und des Staates richten. Wer ein staatliches Amt bekleidet, muss seine Pflicht gewissenhaft erfüllen, jeden zu seinem Rechte kommen zu lassen und das allgemeine Wohl dem persönlichen Vorteil vorausstellen" (Katholischer Katechismus, S. 255).

Dies hohe Gut christlicher Ethik ist allerdings von ihren Vertretern in der Praxis häufig genug verletzt worden: Moralisches Handeln als Appell und in der Praxis weist (leider) viele Lücken auf mit entsprechenden negativen Folgen für die Glaubwürdigkeit des Staates und dessen Wertevorstellungen.

Krise des Staates

Die **Krise des Staates und die Krise der Demokratie** sind Kennzeichen der aktuellen Entwicklung, nicht nur in Deutschland. Die Diskrepanz zwischen Normengefüge und Praxiswelt wird von einem großen Teil der BürgerInnen als ernsthaftes Problem wahrgenommen, sie ist nicht mehr zu vernachlässigen. Der große Unterschied zu den 70er- oder 80er-Jahren besteht darin, dass die Legitimationsdefizite von den demokratischen politischen Parteien kompensiert worden sind. Diese Zeiten sind Geschichte.

Besonders auffällig ist dieser Unterschied auch daran ablesbar, dass die Parteiprogramme als moralische Handlungsanleitung von BürgerInnen nur noch begrenzt wahrgenommen werden. Die Entwicklung nach den Bundestagswahlen im Jahr 2025 war dafür ein weiteres, besonders krasses Beispiel. Die Vertrauensverluste in die Moral der Parteien schwindet weiter. Und sie sollen ihrem Auftrag nach für das allgemeine Wohl der BürgerInnen sorgen.

Der Staat ist übermächtig geworden und das ist der Parteienstaat, der das individuelle Interesse weit zurückgedrängt hat. Wir haben es zu tun mit einer Unfehlbarkeit der Verwaltungstätigkeit und ihre parteipolitischen Spitzen. Partei-Interessen sind – trotz aller andersartiger Programmatik – auf kurzfristige Erfolge hin orientiert, da bleibt die Moral schon einmal auf der Strecke. Parteipolitische Taktik hat die Anforderungen an moralisches Handeln verdrängt. Ein aktuelles Beispiel hierfür ist der Umgang mit dem Vorwurf des Populismus. Er wird sehr einseitig in der politischen Debatte genutzt. Tatsächlich ist das entsprechende Verhalten für alle Parteien mehr oder weniger geltend. „Populistisch nennt man auch die Versuche von Teilen der herrschenden politischen Elite, das unaufgeklärte Bewusstsein des „kleinen Mannes" zum Zwecke der Machterhaltung zu missbrauchen" (H. Drechsler/W. Hilligen/F. Neumann, Hrsg., S. 648).

Wenn wir diese weitgefasste Definition zugrunde legen, gilt der Vorwurf des „Populismus" mehr oder weniger für alle Parteien. Viele Kritiker des mächtigen Staates sind sich einig, dass der Staat durch das Handeln seiner AkteurInnen viel Vertrauen verspielt hat.

„Der archimedische Punkt (zuverlässiger Ausgangspunkt, Anmerkung des Verfassers) für die Restitution der Staatsgewalt an das Volk, wo liegt er? Woher kommt die politische Kraft für grundlegende Reformen? Der oberste Hüter des Gemeinwohls ist die breite Öffentlichkeit. Die Macht der Lobbys beruht nicht auf ihrer Fähigkeit, den meisten Menschen zumeist zu dienen, sondern darauf, dass die Menschen politisch zumeist inaktiv sind. So können Gruppen, die oft nur kleine Segmente der Gesellschaft vertreten, die nationale und lokale Politik kontrollieren, weil sie kaum auf Widerstand stoßen. Für eine Politik des Wandels sind daher die großen unterrepräsentierten Mehrheiten zu mobilisieren" (Amitai Etzioni, S. 262).

Beachte

Wir verstehen Moral in diesem Band als eine Bündelung der Regeln und Werte in der Gesellschaft. Das geflügelte Wort ist uns bekannt „… und die Moral der Geschichte ist …,": es voll verkürzt etwas aussagen, was wir aus Handlungen lernen und für eigene Vorstellungen umsetzen. Eine damit verbundene Orientierung für das Individuum ist in den letzten Jahren schwieriger geworden und damit zu bestimmen, was allgemein wichtig und wünschenswert ist. Dies gilt umso mehr als sich das Verständnis von Moral (Sitten, Gebräuche) im Verlauf der Geschichte ändert. Kierkegaard beschreibt den wählenden Menschen als ein ethisches Subjekt, da Ethik immer eine bewusste Wahl ist, wohingegen Moral sich aus tradierten, von Menschen aufgestellten Geboten konstituiert. Diese moralische Vorstellung ist für das Gemeinwohl als gesamtgesellschaftliche Grundlage zugrunde zu legen.

7

Für ein Leben mit mehr Respekt und sozialem Miteinander

Zusammenfassung Der Mensch ist ein soziales Wesen. Dies ist nun wirklich eine triviale Erkenntnis und doch nicht selbstverständlich. Im Gegenteil: wir stellen mittlerweile fest, dass die Einsamkeit unter den Menschen enorm gewachsen ist. Interessant hierbei ist: nicht nur ältere Menschen fühlen sich einsam, nein, das Problem hat die junge Generation erreicht. Es liegt auf der Hand, dass mit der Verbreitung egoistischen Handelns die Bedeutung des Respekts zurückgedrängt wird, denn: wen soll ich dann respektieren? Also gehören Respekt und soziales Miteinander unauflöslich zusammen. Dabei sind die Möglichkeiten in Deutschland ausgesprochen gut, gibt es doch massenhaft Möglichkeiten des Engagements und damit des Kontaktes mit Anderen: sich einfach aufmachen! Das ist der einfachste, einzige Weg, die Lebensbedingungen mitzugestalten. Soziale Gemeinschaft bildet die Grundlage eines friedlichen Miteinanders. Wir haben uns in verschiedenen Kapiteln und an einzelnen Stellen kritisch mit dem Mangel an Respekt auseinandergesetzt; haben aber auch in vielen Stellen auf die Möglichkeiten hingewiesen, wie wir respektvoller miteinander umgehen können. Dabei orientieren wir uns an der Grundaussage:

© Der/die Autor(en), exklusiv lizenziert an Springer Fachmedien Wiesbaden GmbH, ein Teil von Springer Nature 2026
H. Zielinski, *Respekt*, https://doi.org/10.1007/978-3-658-51147-0_7

Mit mehr Respekt ist das Leben für alle leichter

Um auf diesem Weg mit Erfolg weiterzukommen, ist es notwendig, die Atomisierung in der Gesellschaft zu überwinden. Der Egoismus hat unter dem Deckmantel legitimer Interessenvertretung immer stärker das Kollektivinteresse verdrängt. Das erleichtert es Minderheiten erheblich, ihre Interessen durchzusetzen.

Der Einzelne wird also zum Motivationsträger seines Handelns ohne soziale Schutzgarantien. Um diese egoistische Handlungsweise zu überwinden, sind zumindest die Reaktionen Anderer in das Kalkül des eigenen Handelns einzubeziehen.

Auf diese Weise wird der funktionale Zusammenhang mit der Gesellschaft als Träger des Kollektiv-Interesses integriert. Im Sinne eines ethischen Grundsatzes ist das Gemeinwohl nicht mit einer Addition der Einzelwillen gleichzusetzen, sondern es bedeutet einen ideellen Gesamtwillen auf überindividueller Ebene.

Grundlage respektvollen Handelns ist die **allgemeine Anerkennung von Regeln und Normen**. Ein solches Verhalten muss geübt werden, vor allem in der Hinsicht: es kommt nicht immer darauf an, den größtmöglichen Vorteil für sich selbst zu erzielen. Wir haben mehrfach auf die wichtige Bedeutung des Sports hingewiesen, der es vergleichsweise einfach hat. Denn er hat die Regeln, die Normen schriftlich fixiert und kann – wie gesagt – durch Sanktionen die Einhaltung der Normen einfordern. Dies liegt bei den bekannten Werten anders, die sind nicht schriftlich für alle festgehalten, sondern werden mündlich praktiziert. Das macht die allgemeine Anerkennung von Grundwerten nicht einfach.

Der Begriff der Freiheit zeigt die Schwierigkeit deutlich. Die Zeiten sind vorbei, als ein Verständnis von Freiheit gegolten hat, dass allgemeine Freiheit mit einem Höchstmaß an individueller Freiheit gleichgesetzt worden ist. Wichtige Voraussetzung hierfür war die Normierung der rechtlichen Gleichheit, also die formale Gleichheit. Wir wissen, damit war die faktische Gleichheit noch nicht erreicht – und ist es bis heute nicht. Die Verankerung der rechtlichen Freiheit hat gleichwohl große Bedeutung in der Bundesrepublik Deutschland.

Mittlerweile ist das Privateigentum als zentrales Ordnungselement wieder stärker in den Blickpunkt gerückt, insbesondere bei jungen Menschen. Nicht so sehr grundsätzlich, sondern stärker wegen der sozialen Folgen privaten Eigentums mit dem Auseinanderklaffen zwischen Arm und Reich. Längst hat sich Reichtum unabhängig vom Privateigentum herausgebildet, insbesondere im Finanzbereich. Damit wird der respektvolle Umgang erschwert, das Wahlverhalten junger Menschen ist dafür wesentliches Indiz und gefährdet das bestehende Ordnungsmodell. Fast die Hälfte der Jugendlichen wählt die Linke, die AfD oder das BSW.

Sozial ausgerichtete Unternehmen können hierbei wichtige Vorbildfunktionen übernehmen.

Faires soziales Miteinander

Umso wichtiger ist die Forderung nach dem sozialen Miteinander, das auf Gleichwertigkeit beruht. Dafür haben sich in den vergangenen Jahrzehnten wichtige Grundlagen herausgebildet: mit dem bürgerschaftlichen Engagement. Wesentliche Voraussetzung hierfür ist das freiwillige Engagement der Menschen. Millionen sind bereit, sich für andere einzusetzen und Verantwortung zu übernehmen: ob im Sport, der Kultur, der Feuerwehr oder auch der Politik. Das Ehrenamt gilt per se als wesentlicher Baustein für eine Verbesserung des sozialen Miteinanders. Die Menschen lernen mit den Grenzen des eigenen Willens umzugehen, lernen Rücksicht zu nehmen, lernen was es heißt, Verantwortung zu übernehmen, Verantwortung für andere.

Insofern bildet das Ehrenamt eine Lernschule für Respekt. Dazu zählt selbstverständlich auch, mit unterschiedlichen Kulturen umzugehen, Menschen aus anderen Ländern die nötige Anerkennung zukommen zu lassen. Der große Vorteil des Ehrenamtes liegt hierbei darin, dass es überwiegend vor Ort lebendig ist, also da wo sich Menschen wirklich begegnen. Es ist diese alltägliche Begegnung, die das Leben im Lichte der wechselseitigen Anerkennung erscheinen lässt. Respektvoller Umgang ist dann einfach, er bildet die Grundvoraussetzung.

Gehen wir noch einmal auf die Forderung nach dem sozialen Miteinander ein, für das das Ehrenamt als Grundlage fungiert. Insbesondere für die Lebenspraxis junger Menschen sind die positiven Erfahrungen im Umgang des Miteinanders besonders wichtig. Es entsteht Zusammenhalt und fördert Perspektiven gesellschaftlicher Gestaltung, es ist insofern sinnstiftend.

Angesichts der großen Herausforderungen für die jungen Menschen gerade im Lichte der schwierigen Unterscheidung zwischen Wahrheit und Unwahrheit sind Gestaltungsspielräume für Mitwirkung enorm wichtig! Dies geht nur im Miteinander, im praktischen Handeln.

Wir wissen, dass wir die Folgen der Isolation der Corona Pandemie noch nicht überwunden haben. Folglich ist der Bedarf insbesondere junger Menschen nach einem stärkeren Miteinander hoch ausgeprägt.

Auf der Grundlage einer wechselseitigen Akzeptanz sind die jungen Erwachsenen in der Lage, Zukunft zu denken. Sie wollen gesellschaftliche Veränderungen mitgestalten. In der dafür umgänglichen Gesprächskultur – dem unbedingten Dialog – erfahren junge Menschen was es heißt, Respekt zu praktizieren.

Daher lassen Sie uns noch einmal auf die grundgesetzlich **normierte Menschenwürde** zurückkommen. Sie ist wesentlich, aber leider auch sehr abstrakt. Es ist schwierig, den unveräußerlichen Wert des Menschen zu bestimmen. Die Würde ist mit „Achtung" gleichzusetzen. Jede muss geachtet werden und nicht nur das, sondern er muss auch durch den Staat geschützt werden. Der Schutz ist enorm wichtig, denn geht er verloren, geht auch das Selbstwertgefühl des Individuums verloren, was wiederum die Grundlage für respektvolles Handeln gegenüber den Mitmenschen bildet. Sehr vereinfacht ausgedrückt gilt die Menschenwürde unabhängig von den Umweltbedingungen des Einzelnen (Vermögen, Hautfarbe, Eigentum, Beruf, soziale Stellung etc.).

Menschenwürde ist zurecht das höchste Gut auf der Skala des Respekts. Daher hat sie im Grundgesetz unter den Grundrechten eine herausragende Bedeutung, die gelebt werden muss.

Der Philosoph Jürgen Habermas hat bereits im Jahr 1998 festgestellt:

„In unseren Wohlstandsgesellschaften mehren sich ethnozentrische (Glauben an die eigene kulturelle Überlegenheit, Anmerkung des Verfassers) Reaktionen der einheimischen Bevölkerung gegen alles Fremde – Hass und Gewalt gegen Ausländer, gegen Andersgläubige und Andersfarbige, aber auch gegen Randgruppen und Behinderte und, wieder einmal, gegen Juden" (Jürgen Habermas, S. 111).

Alle Menschen sind gleichwertig. Dieser hohe Anspruch erfordert auch die Anerkennung der sozialen Gleichheit. Zugegebenermaßen hat sich seit dem Ende des zweiten Weltkrieges vieles verbessert.

Aber wir sehen auch in Deutschland, dass die Diskrepanz zwischen Arm und Reich immer größer wird, eine gefährliche Entwicklung. Aufschlussreich ist in diesem Zusammenhang, dass die vorhandene Diskrepanz nicht mehr primär von privatem Eigentum abhängt. Auch dies ist ein Grund, warum die politischen Kräfte an den sogenannten Rändern immer stärker werden. Gleichwertigkeit beinhaltet demnach auch den Ruf nach sozialer Gleichheit.

Beachte

Das soziale Miteinander ist die Grundlage für respektvolles Verhalten. Ein nur auf sich bezogenes Individuum ist nicht in der Lage, ein Leben in respektvollem Verhalten zu praktizieren. Auf den Nenner gebracht: **Miteinander geht es leichter! Packen wir es an!**

Angesichts der wachsenden Kluft zwischen Arm und Reich verschärft sich in Deutschland der Trend sozialer Ungleichheit, eine Gefahr für das Miteinander. Wenn 10 % der Einkommensbezieher über 50 % des Vermögens verfügen (in Deutschland), so wird damit eine deutliche Schieflage charakterisiert (Bundesministerium für Arbeit und Soziales, Lebenslagen in Deutschland, Der Siebte Armuts- und Reichtumsbericht der Bundesregierung, Berlin 2025).

Es liegt auf der Hand, dass damit eine große Unzufriedenheit der Betroffenen entsteht, die für den Zustand der Demokratie gefährlich ist. Der Staat – vor allem der Zentralstaat – hat genug Möglichkeiten dieser Entwicklung wachsender Ungleichheit entgegenzuwirken. Dies vor allem über steuerliche Instrumente, die eine Menge Spielraum eröffnen, aber offenbar schwierig auszuloten sind. Am Indikator „Lohnquote" (= Summe der Arbeitnehmerentgelte im Verhältnis zum Volkseinkommen) lässt sich die Situation verdeutlichen: sie blieb im Vergleich zwischen dem Jahr 2000 und 2024 mit 72 % bzw. 73 % nahezu unverändert (Ebenda, S. 57).

8

Respekt gegenüber Verantwortungsträgern

Zusammenfassung Wir haben auf die wichtige Funktion eines guten Betriebsklimas hingewiesen. Grundlage hierfür ist das respektvolle Verhalten des Vorgesetzten gegenüber den MitarbeiternInnen. Der Bedarf besteht aber auch umgekehrt, in dem respektvollen, fairen Umgang der Beschäftigten gegenüber den Vorgesetzten.

Verantwortungsträger und MitarbeiterInnen

Zunächst einmal werden sich einige Leser wundern, warum auch der **Respekt gegenüber Verantwortungsträgern** (Vorgesetzten) ein Thema darstellt. Wenn wir von Verantwortungsträgern reden, so meinen wir dies recht undifferenziert und beziehen dabei alle mit ein, die in Betrieben/ Unternehmen, Organisationen oder im Staat Verantwortung tragen (ob SchulleiterInnen, Vereinsvorsitzende, BürgermeisterInnen etc.)

Führung durch Verantwortungsträger ist ein wechselseitiges, ergebnisorientiertes, labiles Geschehen des Gebens und Nehmens, des Erwartens und Erfüllens zwischen Führungskraft und Geführten. Dazu braucht es

H. Zielinski, *Respekt*, https://doi.org/10.1007/978-3-658-51147-0_8

Kollegen, Mitarbeiter, Betriebsräte, Kapitalgeber, Kunden, Lieferanten etc.

Wir haben weiter oben darauf hingewiesen, dass Respekt gegenüber MitarbeiterInnen für das Klima in einer Einrichtung wichtig ist. Ja, aber Respekt ist keine Einbahnstraße, er gilt vielmehr auch gegenüber Vorgesetzten. Denn leider haben sich in den letzten Jahren vielfältige Formen der Respektlosigkeit breit gemacht. Eine der ernsthaften Folgen besteht darin, dass ein Trend besteht, Führungspositionen nicht mehr wahrnehmen zu wollen. BürgermeisterInnen z. B. können hiervon ein Lied singen.

Die Formen der Respektlosigkeit sind dabei sehr unterschiedlich, z. B.

- Anonyme Anzeigen gegenüber Führungspersonen,
- Weigerung, Anordnungen durchzuführen,
- Systematisches Mobbing,
- Nach Zurechtweisungen Krankmeldungen,
- Bei subjektiv empfundener Ungerechtigkeit Einschalten von Anwälten oder
- Anschwärzen bei übergeordneten Vorgesetzten usw.

Die Liste ließe sich verlängern, bestehen doch mannigfaltige Möglichkeiten, vorgesetzte Personen in Verantwortung zu diskreditieren. Dabei sind die Möglichkeiten, sich als Führungsperson zur Wehr zu setzten, gering. Besonders krass – und in Mode gekommen – sind die anonymen Anzeigen, die für Führungspersonen äußerst negative Folgen haben – und das ist alles formal zulässig und dringend verbesserungsnotwendig.

Gerade im Sinne des geforderten guten Klimas in Betrieben, Organisationen und beim Staat ist respektvolles Verhalten essenziell.

Auffällig zugenommen haben die Respektlosigkeiten gegenüber politisch Verantwortlichen auf allen Ebenen der Kommunen, der Länder und des Bundes. Gerade auf kommunaler Ebene, wo der Kontakt mit der Bevölkerung eng ist, nehmen die Anfeindungen gegenüber politisch Verantwortlichen stark zu. Potenzielle Kandidierende für entsprechende Ämter sind folgerichtig immer schwieriger zu finden. Hinzu kommt, die Beleidigungen, Drohungen etc. betreffen nicht nur einzelne Verantwortungsträger, sondern auch den Kreis der Familie. Einschränkend ist nur in diesem Zusammenhang festzuhalten, dass in den Parlamenten auf allen Ebenen der Politik das Verhalten der gewählten Vertreter häufig nicht vorbildlich und respektlos ist.

Beklagenswert ist das Verhalten vieler Kunden/BürgerInnen in öffentlichen Einrichtungen, insbesondere im sozialen Bereich. MitarbeiterInnen sind den Beleidigungen der Kunden wehrlos ausgesetzt, werden bedroht und körperlich angegriffen. Auf diesem Gebiet hat die Verrohung enorm zugenommen.

Selbst im medizinischen Bereich ist die Respektlosigkeit gegenüber ÄrztInnen und dem Pflegepersonal etc. präsenter geworden. Beleidigungen, Bedrohungen oder Beschimpfungen sind an der Tagesordnung. Auf die Problematik im Bereich der Rettungskräfte haben wir bereits hingewiesen. Da sollte sich jede einzelne Person und Institution an die eigene Nase fassen und danach fragen, ob er/sie sich richtig verhalten.

Beachte

Respekt im Sinne eines Grundwertes verstanden soll als Bewertungsmaßstab helfen, das zu tun, was als richtig, wichtig, gut und erstrebenswert angesehen wird. Dazu kann jeder Einzelne in seinem Umfeld ohne große Mühe beitragen. Konkrete Vorschläge dazu werden später gemacht, die beispielhaft zeigen, wie einfach ein positiver Umgang miteinander sein kann (siehe den Abschnitt „kann man eigentlich lernen, nett zu sein?").

9

Erfolgsbedingungen

Zusammenfassung Wir lesen in diesem Band über Erfolgsbedingungen in der bundesrepublikanischen Demokratie, auf freiheitlicher Grundlage. „Der Respekt für das Anderssein etwa ist ein solcher Wert. Und er setzt voraus, dass ich Respekt vor mir selbst habe, wenn ich andere respektieren soll. Zum zentralen Gebot <Liebe Deinen Nächsten> gehört das <wie Dich selbst> wesentlich dazu." (Wolfgang Schäuble, in: Alfred Herrhausen Gesellschaft (Hrsg.), S. 22). Das ist die Grundvoraussetzung. Dabei gehen wir noch einmal auf Schule und Familie ein und thematisieren den Sport, in dem Respekt hervorragend gelingen kann. Sie haben einen systematisch ähnlichen Stellenwert für erfolgreichen Respekt wie die Polizei und die Rettungskräfte. Weitere große Felder bilden die Altenund Pflegeheime und die Krankenanstalten: beides Einrichtungen, in denen der Respekt vorhanden ist, aber noch viel Nachholbedarf besteht. Insbesondere die Würde der Pflegebedürftigen steht häufig zur Disposition. Ein respektvoller Umgang könnte auch den Beruf der Pflegerinnen attraktiver machen. Die folgenden Bereiche sind beispielhaft zu verstehen.

H. Zielinski, *Respekt*, https://doi.org/10.1007/978-3-658-51147-0_9

Demokratie

Wir setzen in unserem Band auf **Erfolgsbedingungen im demokratischen Staat**. Das bedeutet zunächst für den politischen Rahmen:

- Staatsfunktionen und unterschiedliche Verfassungsorgane sind voneinander getrennt.
- Verschiedene politische Parteien kämpfen um die Macht im Staat.
- Das Parlament wird in freien, gleichen und geheimen Wahlen vom Volk gewählt.
- Regierungswechsel sind immer möglich.
- Individuelle Selbstbestimmung wird durch die Grund- und Menschenrechte gewährleistet.
- Die Vielzahl von Interessen in Staat und Gesellschaft wird geschützt.

Diese Merkmale können als Elemente und Anforderungen demokratischer Systeme gelten, wie sie sich zu Beginn des 20. Jahrhunderts als – bei aller Kritik – optimale Staatsform herausgebildet haben. Das Wertegerüst kann als wesentliche Grundlage für einen demokratischen Staat gelten. Und wenn wir über Werte reden, steht der Respekt an erster Stelle. Er gilt individuell und institutionell. Insofern besteht ein enger Zusammenhang zwischen Respekt und demokratischem System. Daher enthalten die folgenden Seiten einige Vorschläge, wie wir mehr Respekt in unseren Alltag bringen.

Selbstbewusstsein

Grundlage für respektvolles Handeln ist das **Selbstbewusstsein** des Individuums. Zum wiederholten Male: Wenn ich mich selbst anerkenne, bin ich in der Lage, andere zu respektieren. Die enge Wechselbeziehung zwischen Individuum und dem persönlichen Umfeld führt bei mangelndem Selbstbewusstsein zu noch größerer Unsicherheit des Individuums. Erfolge sind vor allem von Schule und Elternhaus abhängig.

Das heißt nicht, selbstherrlich zu sein, sich zu überhöhen, sondern auch in Anerkennung der eigenen Schwächen stark genug zu sein. Der Weg zur Persönlichkeit ist lang und möglicherweise gar nicht erstrebenswert. Die Kraft des Ichs sollte stärker über die Rationalität erreicht werden, Persönlichkeit hat noch einmal eine andere Dimension im Vergleich zur selbstbewussten Person.

Familie, Schule

Wir wollen noch einmal auf zwei zentrale Handlungsfelder als Lernbereich hinweisen: die **Familie und die Schule**. Auch wenn die Erziehungsinstanz „Familie" an Bedeutung stark verloren hat, ist sie noch immer eine wichtige Plattform zum Erlernen des Respekts.

Kinder werden noch immer in Familien und Kindertagesstätten zunächst groß. Hier lernen sie mit Achtung und Akzeptanz bei gleichzeitig klarer Rollenverteilung miteinander umzugehen. Auf gleicher Ebene der Bedeutungsskala ist die Schule anzusiedeln. LehrerInnen haben hierbei die Schlüsselfunktion, sie leben den SchülerInnen vor, wie sie respektvoll miteinander kommunizieren.

Es ist dringend geboten, angehende Lehrkräfte im Fach „Respektvermittlung" zu schulen und in die Curricula eine entsprechende Lerneinheit einzubauen. Das deutsche Schulsystem hat hierfür dringenden Nachholbedarf, im Fach „Deutsch" z. B. ist der Einbau einer entsprechenden Einheit leicht möglich.

Sport

Wir haben mehrfach auf die große Bedeutung des **Lernfeldes „Sport"** hingewiesen. Längst haben die großen Sportorganisationen die überragende Bedeutung ihres Handlungsfeldes erkannt und mit umfangreichen Marketingmaßnahmen versehen. Die Chancen zur Nutzung des Lernfeldes „Sport" haben sich mit der Verfügbarkeit der freien Zeit deutlich verbessert und das auch im Sinne der Nutzenoptimierung. Damit wird eine Befürchtung Adornos überwunden: „Unter den herrschenden

Bedingungen wäre es abwegig und töricht, von den Menschen zu erwarten oder zu verlangen, dass sie in ihrer Freizeit etwas Produktives vollbrächten, …". (Theodor W. Adorno, S. 63).

Insbesondere mit Bewegung und Sport hat sich die Gestaltung von Freizeit enorm verändert. Längst hat sich eine breite Freizeitindustrie etabliert – sehr zum Wohle großer gesellschaftlicher Gruppen.

Es wäre von Vorteil, wenn andere gesellschaftliche Bereiche den Sport als Beispiel nehmen, und zwar auch mit Blick auf die Sanktionen, die der Sport bei Regel- oder Norm-Verletzungen bereithält.

Polizei

Die Schaffung von Erfolgsbedingungen für mehr Respekt hängt auch davon ab, wie eine größere Sensibilität für das Thema im Umgang mit der Polizei geweckt werden kann. Das gelingt nur, wenn wir Individuen und Gruppen bewusstes Verhalten beibringen. Der Umgang mit Ordnungskräften stellt einen breiten Bereich auf dem Lernfeld „Respekt" dar. Dazu gehört eine positive Einstellung des Einzelnen gegenüber den Ordnungskräften und keine Abwehrhaltung. Das Motto stimmt: „Die Polizei Dein Freund und Helfer".

Diese positive Einstellung ist grundsätzlich notwendig, auch wenn einzelnen Polizeikräften Fehlverhalten nachzuweisen ist. Dazu zählt im Übrigen auch die Darstellung der Polizei in den Medien. Insbesondere im Fernsehen wird das Bild der Polizei häufig negativ entworfen, die Wirkung ist dann entsprechend. Ein reales Bild von der Polizei und ihrem Alltag wäre sehr zu wünschen.

Alten- und Pflegeheime

Bisher relativ wenig beleuchtet haben wir den Bereich Altersdiskriminierung. Und das, obwohl die Gruppe der älteren Erwachsenen einen wichtigen Teil des „Sozialkapitals" bildet, das die Aktiven in Vereinen, Verbänden, Stiftungen, politischen Parteien und Bürgerinitiativen bündelt.

Vor dem Hintergrund, dass der Anteil der über 60-jährigen Menschen in der Bevölkerung die größten Zuwächse in den nächsten Jahrzehnten haben wird, sollte das Thema „Altersdiskriminierung" immer wichtiger werden. Das gilt sowohl für die Verankerung in formalen Politikprozessen als auch in zivilgesellschaftlichen Organisationen. Respekt vor älteren Menschen ist im Alltag angebracht, Rücksichtnahme wird von älteren Erwachsenen hoch geschätzt Der Wahrheit halber: auch Senioren können jüngeren Menschen vorleben, was Respekt im Alltag bedeutet.

Wenn wir über Optimierungen reden, so gilt dem Bereich der Alten- und Pflegeheime besondere Beachtung. Rücksichtnahme auf pflegebedürftige Personen ist eine triviale Forderung, doch in der Praxis hoch defizitär.

In einem Teil der Alten- und Pflegeheime – häufig privat geführt – wird die Würde des Menschen missachtet. Was pflegebedürftige Menschen erleben und ertragen müssen, hat mit Wertschätzung nichts zu tun. Dabei ist bekannt, dass ältere Menschen in den Heimen nicht in der Lage sind, Missstände anzuprangern. Auch die Politik – gleichgültig auf welcher Ebene – ist oft nicht bereit, wirksame Abhilfe zu schaffen. Die Ursachen für die schlechten Bedingungen sind häufig nicht beim Pflegepersonal zu suchen, das in der Regel hoch belastet und überfordert ist, sondern an den schlechten Rahmenbedingungen, insbesondere am fehlenden Personal.

Die Art des Umgangs mit den älteren Menschen hat jedenfalls große Wirkung in der Gesellschaft. Selbst kleine Gesten der Freundlichkeit haben große positive Wirkung.

Beachte

Wir haben eine Fülle von Lebensbereichen, in denen der Respekt etwas gilt. Damit dies Erfolg hat, müssen wir Respekt leben in Kindertagesstätten, Schulen, Familien, Betrieben, Kirchen, in Pflegeheimen, Krankenhäusern und im Sport. Respekt ist ein Strukturprinzip menschlichen Verhaltens, das im Alltag eine Fülle von Möglichkeiten bietet. Der Dialog zwischen allen Zielgruppen könnte hierbei helfen, das Miteinander auf gleicher Augenhöhe zu leben.

Im Folgenden werden Beispiele aus dem Alltagsleben aufgeführt, wie wir uns mit kleinen, aber wirksamen Gesten das Leben erleichtern.

(Im Original „BILD am Sonntag vom 9. November 2025, Seite 23).

Kann man eigentlich lernen, nett zu sein?

Er wohnt in seiner Mülltonne, zetert, motzt und meckert: Oskar aus der Sesamstraße ist ein echter Griesgram. Nett sein? Pff, das kennt er nicht. Und zugegeben: Zwischen Alltagssorgen und Berufsstress fällt es auch vielen Menschen schwer, ihre freundliche, zugewandte Seite zu zeigen.

Der Welt-Nettigkeitstag (World Kindness Day) am 13. November soll daran erinnern, wie viel Kraft in Freundlichkeit steckt. Ins Leben gerufen wurde er von einer japanischen Nettigkeitsbewegung, die Ende der 1990er-Jahre begann. Ziel: Mitgefühl und gegenseitige Wertschätzung als gesellschaftliches Ziel fördern. Und das Beste daran: Nett sein kann man tatsächlich lernen. Probieren Sie doch mal diese kleinen Übungen, die Sie gleich viel netter werden lassen.

1. Dem Kollegen jeden Morgen ein Croissant mitbringen.
2. „Du bist immer so zuverlässig!" Ein ehrliches Kompliment, das die Charaktereigenschaften lobt, bringt das Herz zum Lächeln.

3. „Danke, dass es dich gibt!" Schreiben Sie Ihren Liebsten oder einem Kollegen einfach so, ohne Anlass, eine Dankeskarte.
4. Bei einem Gespräch einfach nur zuhören, ohne Unterbrechungen und ohne gut gemeinte Ratschläge.
5. Nüsse fürs Eichhörnchen rauslegen und sich daran erfreuen, wie glücklich sie geknuspert werden.
6. Die Tür aufhalten, wenn jemand die Hände voll hat.
7. Einem Kollegen die Lieblingssüßigkeit auf den Schreibtisch legen.
8. Etwas Kekse, Marmelade oder anderes Selbstgemachtes verschenken.
9. „Ich wollte nur mal Hallo sagen …" Rufen Sie mal wieder einen Liebsten an, ohne etwas von ihm zu wollen.
10. Auch an der Supermarktkasse mal Trinkgeld geben oder den Kassierer mit ein paar Blumen überraschen.
11. Nachfragen, wie es jemandem wirklich geht. Und sich trauen, weiterzufragen, wenn die Antwort „nicht so gut" lautet.
12. Zeit schenken, zum Beispiel gemeinsam spazieren gehen oder Mittag essen.
13. Einen anderen Autofahrer im Verkehrschaos vorlassen.
14. Einen Fehler zugeben und sich aufrichtig entschuldigen.
15. Den ersten mutig alleine bewältigten Schulweg des Kindes bejubeln, als hätte es den Olympia-Marathon gewonnen.
16. „Das könnte dir gefallen …" Eine Empfehlung geben, beispielsweise für schöne Bücher, Cafés oder Filme, die zum Gegenüber und seinen Interessen passen.
17. Wenn der Fahrstuhl im Wohnhaus mal wieder ausfällt, die Einkäufe der Nachbarn hochtragen
18. Jemandem den Platz anbieten (Bus, Bahn, Wartezimmer).
19. Positiv über Dritte sprechen – Lob, das über Umwege ankommt, freut doppelt.
20. Den Partner am Samstag ausschlafen lassen und die Kinder zum Fußballspiel bringen.
21. Einen Zeitungsartikel ausschneiden, weil man weiß, dass sich ein Liebster für das Thema interessiert.
22. Kaffee ans Bett bringen, versüßt den Start in den Tag.
23. Dem Partner heimlich einen kleinen Brief und eine Zeichnung der Kinder in den Koffer schmuggeln, wenn er auf Dienstreise geht.

24. Müll auf der Straße aufheben.
25. Den Einkauf der älteren Dame an der Supermarktkasse ungefragt bezahlen.
26. Den obdachlosen Menschen auf dem Heimweg den ein oder anderen Euro extra in die Hand drücken.
27. Dem Busfahrer beim Verlassen des Busses einen schönen Tag wünschen oder alternativ ihn freundlich begrüßen. Verrückt, wie verdutzt sie dabei manchmal schauen.
28. Dem Paketboten einen Schokoriegel schenken.
29. Den Müllmännern eine kleine Stärkung bereitstellen.
30. Einen Zettel mit „Glück zum Mitnehmen" an die nächste Laterne kleben und Menschen eine Extra-Portion Glück abreißen lassen.
31. Dem Haustier ein echtes Stück Fleisch füttern, das nicht aus der Dose kommt.
32. Mit dem Kollegen den Dienst tauschen, damit er ein Konzert besuchen kann.
33. An dunklen Regentagen anderen ein Lächeln schenken – das macht das Gegenüber und einen selbst glücklich.

10

Internationale Dimension

Zusammenfassung Die Erörterung der **internationalen Dimension zu, „Respekt"** ist komplex und einfach zugleich. Komplex, weil es ein vielfältiges Thema ist, einfach, weil die nationale Dimension auch grundsätzlich international gilt. Die Komplexität im internationalen Vergleich könnten wir am Beispiel der USA deutlich machen, insbesondere für die Zeit nach dem 11. September 2001, dem Anschlag auf das World Trade Center. Respekt hat die Kraft – das gilt global – die Welt besser zu machen. Das bedeutet vor allem, friedlicher zu machen. Angesichts der großen Herausforderungen speziell mit Blick auf die Flüchtlingsproblematik ergeben sich vielfältige Anforderungen im Bildungsbereich. Einen besonderen Stellenwert hat das Thema Respekt in den Mannschaftssportarten; verständlich, sind doch die Begegnungen „Mann gegen Mann" besonders häufig; Respekt ist gefragt. Auffällig ist das jüngste Engagement des Papstes für mehr Respekt insbesondere unter und gegenüber Kindern und Jugendlichen.

© Der/die Autor(en), exklusiv lizenziert an Springer Fachmedien Wiesbaden GmbH, ein Teil von Springer Nature 2026
H. Zielinski, *Respekt*, https://doi.org/10.1007/978-3-658-51147-0_10

Für eine bessere Welt

Wir haben uns gedanklich bisher auf nationaler Ebene bewegt. Hierbei ist klar, dass viele der Herausforderungen zu unserem Thema und entsprechende Antworten auch für die internationale Ebene zutreffen.

Dies gilt insbesondere für die Flüchtlings- /Ausländerproblematik. Hierbei ist klar, dass es zwischen den Staaten in Europa und in globaler Hinsicht Unterschiede gibt. Aufschlussreich ist dennoch, es bestehen Identitäten, im Hinblick auf die Herausforderungen und ihre Antworten.

„We are convinced that the spirit of respect, particularly in sport, has the power to create a better world for us all. Respect ist more than an idea, it is at the basis of a global humanistic philosophy of living an feeling together in a better world with a new balance." (TAFISA Mission 2030, Workbook 1, S. 4).

Dieses Statement durch TAFISA (The Association for International Sport for All), einer weltumspannenden Breitensportorganisation, unterstreicht die überragende und interkontinentale Bedeutung des respektvollen Umgangs. Für den internationalen Spitzensport hatten wir das schon festgestellt, es gilt aber gleichermaßen für den Breitensport. Es ist schon etwas Besonderes, wenn eine weltumspannende Organisation die globale Bedeutung des Respekts exponiert.

Im Rahmen der „Mission 2030" bildet „Respect" einen wichtigen Baustein im Kampf gegen die großen Herausforderungen weltweit und damit als universelles Unterfangen. Dem Sport wird international die Kraft zugetraut, die globalen Probleme zu lösen. Es wird ihm zugetraut, „to cross boundaries of race, religion, gender, sexual orientation, age, socio-economic status, geographic location an level abilities and to build bridges and bonds beween all people". (Ebenda, S. 6). Also im Grund genommen wird dem Sport zugetraut, alle Vorurteile und Diskriminierungen auch in der Gesellschaft zu überwinden.

Aufschlussreich ist vor allem, dass sich das **Schlagwort des Respekts international** durchgesetzt hat. Es ist zu einem echten Medienrenner geworden auf vielen Feldern, z. B.

* Es erscheint in den Modulen des Bildungsbereichs.
* Es tritt als wesentliches Element in den Schulungen für Flüchtlinge auf.
* Spezielle Sporttage werden international unter das Motto „Respekt für alle" angeboten.
* Fachverbände des Sports haben das Thema in ihre Schulungen/ Ausbildungen aufgenommen.
* Menschen, die sich (insbesondere im Bereich der Freiwilligen) verdient gemacht haben, werden mit dem Preis „Menschen des Respekts" ausgezeichnet.

Lassen Sie uns noch einmal „TAFISA" zu Wort kommen:
„Respect, freedom, democracy an human rights in and through Sport is a wonderful perspective in a world determined by peace and collaboration." (Ebenda, S. 6).

Wir wissen alle, diese Feststellungen haben einen appellativen Charakter. Das schließt mit ein, die Umsetzung respektvollen Verhaltens ist ein Dauerproblem, das im realen Leben nur nach und nach gelöst werden kann. Auch international gilt der Sport als großes Vorbild, vor allem deswegen, weil die Sportpraxis nach allgemein gültigen Regeln ausgeübt wird, also alle TeilnehmerInnen wissen, dass bei Regelverletzungen Sanktionen folgen. Dies ist bei kleineren Regelverletzungen im Alltag (leider) nicht üblich.

Auch aus internationaler Perspektive wird der enge Zusammenhang zwischen „Respekt" und „Demokratie" gesehen. Es besteht kein unmittelbarer Gleichklang, aber es gibt einen indirekten Zusammenhang. Salopp formuliert:

Wer es lernt, mit seinen Mitmenschen respektvoll zu handeln, der wird diesen Umgang auch im Großen praktizieren, wird Toleranz, Verständnis und Freundlichkeit im politischen Alltag gelten lassen.

Wenn der höchste Würdenträger der Katholischen Kirche, Papst Leo XIV den hohen Bedarf an Respekt hervorhebt, dann ist dem kaum noch etwas hinzuzufügen. Er hat jüngst im Vatikan mit einer Gruppe von Kindern und Jugendlichen über Respekt und Freundschaft diskutiert. Er hat dabei auch deutlich gemacht, dass der unbedingte Dialog wesentliche Voraussetzungen für eine Welt in Frieden darstellt. Nach der Meinung des christlichen Oberhauptes sei es wichtig, „von klein auf zu lernen, einander zu respektieren und in anderen einen Menschen wie mich selbst zu sehen." (Gießener Allgemeine Zeitung vom 4. Juli 2025, S. 1).

Damit wird auch unser grundlegender Ansatz in diesem Band unterstrichen: nur wer sich selbst respektiert, kann dies auch gegenüber anderen tun. Es liegt auf der Hand, dass dieser Ansatz auch international unbestritten ist.

Beachte

Die internationale Dimension haben wir nur gestreift. Grundsätzlich gibt es auch international beim Thema Respekt keine Unterschiede zum Verständnis in Deutschland. Das gilt für das Anforderungsprofil in der Praxis, auf der Handlungsebene bestehen selbstverständlich Unterschiede, die auch durch die nationalen Entwicklungen bedingt sind. Die große Botschaft für mehr Respekt gilt aber für alle als normative Anforderung. Und: sie hat sich glücklicherweise vielfältig durchgesetzt. Der respektvolle Umgang im internationalen Zusammenhang könnte eine wichtige friedensstiftende Funktion weltweit einnehmen.

Auf den folgenden Seiten ist ein Interview mit dem Präsidenten von TAFISA (The Association for International Sport for All), einer weltbekannten Breitensportorganisation abgedruckt, in dem die internationale Dimension des Themas noch einmal verstärkt wird.

Wolfgang Baumann, Präsident von TAFISA (The Association of International Sport for All), der global aufgestellten Sportorganisation im Breitensport:

Was verstehst Du grundlegend unter Respekt?

Für mich ist der Ausgangspunkt für jegliches moralisches Handeln die sogenannte Goldene Regel „Behandle andere so, wie du selbst behandelt werden möchtest". Diese Regel ist das „moralische Weltkulturerbe" schlechthin und hat ihre Gültigkeit von Zeiten des Konfuzius bis zu den großen Weltreligionen. Insofern bildet die Regel für mich auch die Grundlage für jede Form von Respekt als eine Kategorie für menschliches Handeln.

Wie die Goldene Regel in ihrem Kern besagt, geht es dabei immer nicht um uns selbst, sondern vielmehr um die Beziehung zu unseren Mitmenschen. In der Folge benötigt Respekt richtig verstanden auch immer ein Gegenüber, um seine Wirkung entwickeln zu können. Ohne dieses personale Wechselspiel würde Respekt zu einem nur auf das eigene Ich bezogenen Egoismus ohne moralische Qualität verkommen.

Aber es heißt auch „liebe deinen Nächsten wie dich selbst, wer mit sich selbst schlecht umgeht, tut das auch mit anderen …"! Mit anderen Worten gilt es, auch Eigenrespekt zu entwickeln, u. a. in Form von Selbstvertrauen durch den Glauben an die eigenen Stärken und Fähigkeiten, aber auch um die eigenen Grenzen zu erkennen. Auch die Bereitschaft, zielstrebig zu handeln und neue Herausforderungen anzunehmen gehören dazu. Respekt vor mir selbst bedeutet für mich persönlich aber zum Beispiel auch, mich angemessen zu kleiden und zu verhalten als wichtige Wohlfühlfaktoren.

Auf diesem Hintergrund sind für mich vier Aspekte von Respekt von besonderer Bedeutung:

Grundsätzlich ist Respekt nicht teilbar – jeder Mensch unabhängig von Geschlecht, Alter, Herkunft, etc. verdient Respekt im Sinne der auch im Grundgesetz verankerten Menschenwürde, die unantastbar ist. Dies ist ganz im Sinne des fünften Gebots, dass den Respekt vor den Eltern gebietet.

Natürlich verdienen besondere Leistungen auch besonderen Respekt. Dies kann die Leistung eines Sportlers oder Wissenschaftlers sein, der etwas Besonderes geleistet hat. Aber für mich ist es wichtig zu betonen, dass besondere Leistungen nicht nur solche sind, die im Blickpunkt der Öffentlichkeit stehen. Im Gegenteil erachte ich es als unverzichtbar, dass auch die Leistungen besonders sind, die im Verborgenen und nicht öffentlich passieren. Das kann die Krankenschwester genauso sein wie der Lehrer oder Jugendtrainer, deren Leistungen nur für wenige Menschen sichtbar sind. Der deutsche Golfprofi Langer ist dafür bekannt, dass er immer auch nach einem Turnier dem Greenkeeper für seine unverzichtbare Arbeit dankt.

Aber wir müssen auch unseren Respekt vor der Schöpfung zum Ausdruck bringen. Hier geht es um Begriffe wir Umweltschutz, Kampf gegen Klimawandel, usw.

In der heutigen Zeit erscheint mir der Respekt gegenüber einer anderen Meinung zunehmend wichtiger geworden. Hier bedarf es einer besonderen Kultur der Meinungsfreiheit in einer Zeit, in der Fake News und Social Media oftmals den Diskurs bestimmen. Wer einmal Opfer eines Shitstorms geworden ist, kann ein Lied von der Respektlosigkeit anderer Menschen singen.

Welche hauptsächlichen Gründe siehst Du für Respektlosigkeit?

Für mich lässt sich Respektlosigkeit nicht nur als die Abwesenheit von Respekt definieren, sondern als ein gesellschaftlicher Missstand, der sehr dominant die Verhaltensweisen vieler Menschen heute negativ prägt. Die Wirkungsweise von Respektlosigkeit zeigt sich in einer Vielzahl von menschlichen Bezügen und drückt sich u. a. in mangelnder Wertschätzung, Achtung oder Anerkennung gegenüber einer anderen Person aus.

Ich möchte nur wenige Gründe anführen, die meines Erachtens Respektlosigkeit verstehen lernen.

- Arroganz und Überheblichkeit
  Es beginnt mit dem Gefühl etwas Besseres zu sein, dass zur Missachtung von Werten, der Meinung der Anderen, der Religion, der Kultur, der Arbeit anderer, etc. führen kann.
- Vorbilder
  Die Eltern haben hier eine besondere Verantwortung. Sie müssen Respekt vorleben. Immer wieder hörte ich von meiner Frau, wie schlimm sie es empfand, wenn die Kinder in der Schule die Putzfrauen nicht gegrüßt haben. Die gleichen Kinder erzählen, dass die Eltern sagen, wenn du keinen guten Abschluss machst, kannst du nur noch zur Müllabfuhr gehen …

- Wertschätzung
  Wie schlimm ist es für Kinder, die mühevoll einen langen Aufsatz geschrieben haben und der Lehrer reagiert nur abwertend darauf …
- Teamgeist
  Jeder Spieler wird für seine individuellen Stärken und Schwächen anerkannt. Dies stärkt das Selbstbewusstsein und das kameradschaftliche Miteinander.
- Achtung vor fremdem Eigentum
  „Was nichts kostet, ist nichts wert" … seit Eltern beschädigte Schulbücher ersetzen müssen, gehen die Kinder damit wieder besser um.
- Kindliche Erziehung
  Früheste Erfahrungen der Kinder haben mit Respekt zu tun, jede Erziehung muss von Respekt geprägt sein.
- Schulsystem
  Ein System, das den verschiedenen Abschlüssen mehr oder weniger Respekt zollt, hat versagt.
- Religiöse Erziehung
  Erziehung, die andere Religionen missachtet und verfolgt, hat versagt. Im Besonderen Sportvereine und Athleten haben die Möglichkeit, durch ihr Verhalten ein positives Vorbild für die Gesellschaft zu sein und Werte wie Fairplay, Toleranz, Vielfalt und Respekt zu vermitteln. Damit können sie einen wichtigen Beitrag im Kampf gegen Respektlosigkeit leisten.

Welche konkreten Handlungsfelder siehst Du besonders im Sport bei TAFISA?

TAFISA hat sich seit 2019 das Thema „Respect in Sport and through Sport" als einen Schwerpunkt der „TAFISA Mission 2030 – For a better World through Sport for All" zu eigen gemacht. Die TAFISA Mission 2030 gilt weltweit als eines der zentralen Strategiepapiere zum nachhaltigen Kampf gegen den globalen Bewegungsmangel. Nach intensiven Beratungen mit fachbezogenen Partnern wurde das Thema „Respect in

Sport and through Sport" erstmalig auch im internationalen Breitensport zu einem aus heutiger Sicht unverzichtbaren Kampagnenthema und Handlungsfeld mit einem entsprechenden Maßnahmenkatalog.

Welche Wirkung kann vor allem vom Sport ausgehen?

Wie bereits oben ausgeführt, hat jeder Mensch hat das Recht, sein Leben in Würde zu leben und mit Respekt behandelt zu werden. Für den Sport bedeutet dies einleitend, dass die Forderung gilt, jeder Mensch sollte Zugang zu Spiel und Sport haben, um seine individuellen Fähigkeiten in der Praxis kennenzulernen und auszuloten. Dabei spielt der Respekt vor der individuellen Leistung und der Einzigartigkeit des Einzelnen – unabhängig von Geschlecht, Alter, kulturellem Hintergrund, geschlechtlicher Zugehörigkeit, etc. – eine wichtige Rolle. Der Sport ist dafür – sei es im Sportverein, Schule oder im Freundeskreis ausgeübt – eine wichtige Lernschule – mit Blick auf die aktuelle Verfassung unserer Gesellschaft vielleicht die wichtigste. Für mich sind daher alle Menschen im Sport gleich – unabhängig von ihrer sportlichen Leistungsfähigkeit. Der Sport ist der Bereich unserer Gesellschaft, der das Miteinander von Menschen und damit die Gleichheit aller in besonderer Weise fördert und somit Konflikte und Diskriminierungen zu beseitigen hilft. Beim Sport wird der Gegner nicht als Feind, sondern als Teil des Spiels gesehen. Der Fokus liegt auf dem fairen Wettkampf und der Wahrung der körperlichen und psychischen Unversehrtheit des Gegners. Hier schließt sich der Kreis zum Sport als ein Mittel der Diplomatie und Friedensstiftung, das von der berühmtem Pin-Pong Diplomatie bis zur wirksamen Rolle des Sports bei der Versöhnung von vormals verfeindeten Völkern und Nationen reicht.

11

Humanitäre Organisationen

Zusammenfassung Humanitäre Organisationen arbeiten über alle Kontinente hinweg. Ihre Aufgaben nehmen die MitarbeiterInnen und Mitwirkende – viele im Ehrenamt – häufig unter Einsatz ihres Lebens wahr. Das Mindeste, was sie erwarten können, ist die unbedingte Anerkennung ihrer Tätigkeit.

Für ein besseres Leben

Ein weiteres großes Feld im Umgang mit Respekt bilden die humanitären Organisationen. Global aufgestellt leisten die unterschiedlichen Institutionen soziale Dienste, die für die Menschen vor Ort nicht nur essenziell, sondern in vielen Fällen sogar lebenswichtig sind. Organisationen wie „Ärzte ohne Grenzen", „Welthungerhilfe" oder „Malteser International" sind in Krisengebieten oder bei Katastrophen oft die einzige Hilfe. Sie sichern Überleben und versuchen, menschenwürdige Bedingungen zu schaffen. Sie können als NGO (Non-Governmental Organization) unabhängig vom Staat oder auch Teil staatlicher Strukturen sein, wie die UN-Organisationen, die UNICEF oder das Europäische Amt

© Der/die Autor(en), exklusiv lizenziert an Springer Fachmedien Wiesbaden GmbH, ein Teil von Springer Nature 2026
H. Zielinski, *Respekt*, https://doi.org/10.1007/978-3-658-51147-0_11

ECHO. Deutsche Organisationen wie die Deutsche Welthungerhilfe, Misereor oder Malteser International leisten vor allem schnelle Hilfe in akuten Krisen durch Verteilung von Lebensmitteln oder die Bereitstellung von Wasser.

Entscheidend für eine wirksame Hilfe ist die Zusammenarbeit mit lokalen Organisationen. In vielen Krisengebieten arbeiten die Menschen unter schwierigsten Bedingungen und das oft unter Einsatz ihres Lebens. Allein im Jahr 2024 sind 383 Hilfskräfte in Krisengebieten getötet worden (nach UN-Nothilfebüro OCHA). Die Mitarbeitenden von Hilfsorganisationen sind zudem oft als freiwillige Helfer tätig.

Gerade weil die Zusammenarbeit der Hilfsorganisationen nur mit lokalen Partnern vor Ort gelingt, ist es möglich, den respektvollen Umfang praktisch umzusetzen. Zugegebenermaßen ist die damit verbundene Erwartung angesichts der Herausforderungen für Leib und Leben nicht einfach umzusetzen.

Und doch: es geht um die Anerkennung der Leistungen der Hilfsorganisationen und eine wesentliche Vermittlung: die Anerkennung der Gleichwertigkeit jedes Menschen, auf die wir im Eingang des Bandes hingewiesen haben.

Respekt als Grundlage besseren Lebens

Nun ist die Anerkennung der Gleichwertigkeit in Katastrophen-, Kriegs- oder Elendsgebieten mehr als schwierig. Denn in vielen der betroffenen Regionen geht es ums Überleben. Daher wird man auch nicht mit irgendwelchen gesonderten Programmen zum Thema „Respekt" weiterkommen, sondern es ist eine Frage der inneren Einstellung zu diesem Thema.

Klar, das zwischenmenschliche Verhältnis der Menschen untereinander, die Hilfe benötigen und denen, die helfen, ist grundsätzlich positiv. Auf dieser Ebene dürfte auch nicht das Problem liegen, sieht man einmal davon ab – was allerdings enorm wichtig ist – dass beim Überlebenskampf der Betroffenen eigene Regeln gelten. Wir als Normal-Bürger haben in dieser Hinsicht sicherlich nur eine leise Ahnung, was überleben bedeutet. Daraus können wir nur den Schluss ziehen: es würde allein die viel, viel stärkere Hilfe all derer bedürfen die helfen können – ob staatlich oder individuell.

Insofern sind vor allem alle Großorganisationen aufgerufen, die Hilfen zu erweitern auf der Grundlage moralischer Integrität. Die Präambel der Allgemeinen Erklärung der Menschenrechte der UN formuliert zutreffend: „Die Anerkennung der allen Mitgliedern der menschlichen Familie innewohnenden Würde und ihrer gleichen und unveräußerlichen Rechte (bildet) die Grundlage der Freiheit, der Gerechtigkeit und des Friedens in der Welt".

Es wäre so einfach, wenn sich die nationalen Interessen und die internationalen Organisationen auf dieser Grundlage in der Praxis verständigen könnten. Die Realität der internationalen Konflikte ist allerdings sehr weit von einem allgemein akzeptierten Gesamtwillen entfernt. Dieser wiederum wäre nur in einer global geltenden allgemeinen Norm umsetzbar. Auch hierbei könnte der Sport als Vorbild dienen, der für die globale Friedenssicherung eine enorm wichtige Rolle spielt.

Angesichts der vielen Krisenherde weltweit und der nur bedingten Wirksamkeit der internationalen Hilfsorganisationen besteht aktuell große Skepsis der helfenden Hände. Diese Einschätzung soll keinesfalls die großartigen Leistungen vieler Hilfsorganisationen in Frage stellen, ob bei der Nothilfe, dem Wiederaufbau, der Katastrophenvorsorge oder dem Schutz der Menschen.

Sie ist allein der häufig erlebten Hilflosigkeit geschuldet.

Beachte

Humanitäre Organisationen aus aller Welt erbringen Leistungen, die ganz überwiegend das Überleben vieler Menschen sichern. Es ist fundamental, allen Institutionen und die tragenden Menschen ein Höchstmaß an Respekt entgegenzubringen. Dazu kann jeder Mensch im Rahmen seiner Möglichkeiten beitragen.

12

Digitalisierung

Zusammenfassung Respekt in den digitalen Medien, ein Thema für das sich ein eigener Band lohnt. Davon sind alle Bevölkerungsgruppen betroffen – mehr oder weniger. Klar, Kinder und Jugendliche sind mit Abstand die größten Nutzergruppen und sind demgemäß am stärksten gefährdet. „Das Problem aber ist nicht nur, dass sich die Gerüchte ohne jegliche faktische Basis auf dem Marktplatz der sozialen Medien sehr leicht verbreiten können, sondern dass sie in vielen Fällen gezielt verbreitet werden." (Mark Schieritz, S. 88). Folglich kommt den Betreibern der Plattformen beim Thema Desinformation eine wichtige Rolle zu. Die hohe Frequenz der digitalen Nutzung in der Bevölkerung bietet aber auch Chancen, trotz aller Gefährdungen. Der unbedingte Dialog ist online möglich. Die Chancen sollten wir nicht nur, sondern wir müssen sie nutzen angesichts der Gefährdungen, denen insbesondere die Generation Z ausgesetzt ist. Bei der um sich greifenden Respektlosigkeit und der Radikalisierung junger Menschen besteht ein innerer Zusammenhang. Demokratische Werte verlieren an Bedeutung. Die Orientierung an Fakten wird für Teile der Gesellschaft immer schwieriger. Der Sozialökonom

Karl Marx hat die Botschaft gesandt: das Sein bestimmt das Bewusstsein, vor allem das ökonomische Sein. „Im Zeitalter der sozialen Medien scheint sich die Kausalität umzukehren: Das Bewusstsein bestimmt das Sein." (Ebenda, S. 91). Das bedeutet einen phänomenalen Wandel in der Gesellschaft, dessen Ende noch gar nicht absehbar ist. Wir haben es mit der Medialisierung des Bewusstseins zu tun.

Grundproblem

Einer weitgefassten Definition zufolge sind soziale Medien technische Kommunikationsmittel, die den direkten Austausch von Informationen und ihre Weitergabe über dezentrale Netzwerke und Gemeinschaften möglich machen.

Eine sehr komprimierte Definition: „Mit dem Begriff Intelligenz bezeichne ich die inneren Erfahrungen, die wir Denken, Verstehen und Erinnern nennen. Denken außerhalb des Körpers ist Denken durch Medien, z. B. Texte, Fotografien, Filme, Computer, Netzwerke. (Siegfried Zielinski, S. 1).

Mit der **elektronischen Kommunikation** schlagen wir ein besonders breites und schwieriges Kapitel auf. Das Smartphone oder der Bildschirm haben insbesondere bei der jungen Generation alle anderen Formen der medialen Kommunikation verdrängt. In Deutschland nutzen die 15-jährigen die Kommunikation am Bildschirm sieben bis acht Stunden täglich. Wenn man davon die Schulzeit abzieht, in der das Handy nicht erlaubt ist und die Zeit des Schlafens, dann bleibt nur noch ein geringes Zeitfenster für andere Tätigkeiten.

Das bedeutet selbstverständlich, dass die Beeinflussung des Individuums durch den Bildschirm gigantische Ausmaße angenommen hat und sicher weiterwachsen wird. Selbstverständlich: die elektronische Kommunikation hat den Menschen enorme Vorteile gebracht, die aber in unserem Zusammenhang nur gestreift werden. Die Chancen bieten sich insbesondere im Bereich der Arbeitsplätze an. Denn mit der elektronischen Kommunikation wird der inhaltliche, zeitliche und räumliche Zugriff auf jegliche Art von Angeboten (mit Blick auf den Arbeitsplatz) flexibler. Damit werden die Chancen der Qualifizierung deutlich verbessert. Die Vermittlung von Wissen erreicht damit eine neue Dimension.

Chancen

Jedenfalls bietet die Online-Kommunikation sehr umfangreiche Möglichkeiten, den in diesem Band mehrfach erwähnten unbedingten Dialog als Gesprächsform aufzunehmen. Wie sieht es in der Praxis im Umgang mit Respekt aus? Wie kann das soziale Miteinander verbessert werden? Solche Fragen können auf den digitalen Plattformen nicht nur gestellt, sie können auch offener beantwortet werden. Die Antworten sind leichter, weil sie in der unpersönlichen, indirekten Form unabhängig von geografischen Entfernungen erörtert und beantwortet werden können.

Die Schaffung einer **kollektiven Intelligenz** in der Gruppe ist auf diesem Weg leichter möglich. Allerdings ist dabei auch zu berücksichtigen, dass die Auswertung solcher Dialogprozesse technische Anforderungen besonderer Qualität enthält. Die Frage der Zugänglichkeit der Daten spielt dabei eine wichtige Rolle. Wir können es auch einfacher mit Blick auf die Zukunft formulieren: Der respektvolle Umgang wird entscheidend über die digitale Kommunikation geprägt. Auf die umfangreiche Nutzerzeit insbesondere bei jungen Menschen hatten wir bereits hingewiesen.

Mittlerweile rückt auch der Staat und seine Modernisierung durch die digitale Kommunikation immer stärker in die Debatte, die für die Virtualisierung der öffentlichen Verwaltung große Chancen bietet. Gerade unter diesem Aspekt sollten mit Blick auf die künstliche Intelligenz allen Nutzern klar sein:

1. Jedes Werkzeug hat bestimmte Stärken und Schwächen. Wer Erfolg haben will, muss die Auswirkungen – und Nebenwirkungen – jedes Werkzeuges verstehen und dann kreativ die richtigen Werkzeuge zur richtigen Zeit auf die richtige Weise kombinieren.
2. Werkzeuge sollten nach ihrem Nutzen beurteilt werden, nicht nach der Faszination des Neuen.

3. Werkzeuge sind für die Menschen da, nicht umgekehrt, Die Befürworter von Managementwerkzeugen tun lautstark kund, dass sie Unternehmen retten können – fast genauso lautstark, wie die Kritiker warnen, dass sie sie im Gegenteil zerstören können. Die Wahrheit ist, dass Werkzeuge keines von beiden vermögen: Es sind die Menschen, die Unternehmen zum Erfolg oder in den Untergang führen.

Risiken

Es sind bereits **81 % der Bevölkerung**, welche die sozialen Medien nutzen, wobei die Nutzung durch die Altersgruppen sehr unterschiedlich ausfällt. In der Altersgruppe der 14–29-Jährigen nutzen 66 % die sozialen Medien, bei den 50–69-Jährigen sind es nur 21 %. Die Gruppe der 11–24-Jährigen macht 28 % der gesamten Nutzer aus. Bei der Generation Z (11–24 Jahre) ist die Nutzung der TikTok-Plattform am stärksten verbreitet. Diese Gruppe ist auch am stärksten gefährdet, wenn wir über Fehlinformationen reden: allgemein sind etwa 60 % der Informationen in den sozialen Medien Fake-News.

Die Unterscheidung zwischen Wahrheit und Unwahrheit wird immer schwieriger, gleichzeitig wächst die Abhängigkeit insbesondere der jungen Generation: 25 % der jugendlichen Nutzer gelten als süchtig.

Hinzu kommt, dass die digitalen Plattformen immer perfekter werden, die Identifizierung von Wahrheit immer schwieriger. Interessant ist auch, dass die Online-Kommunikation nur einen mittleren Spaßfaktor darstellt. Zeit mit dem Partner zu verbringen, wird z. B. als viel wichtiger eingestuft.

Mittlerweile ist ein heftiger Streit entbrannt, ab welchem Alter die Nutzung des Smartphones erlaubt sein soll: ab 14 Jahre, 16 Jahre oder ob keine Altersbegrenzung sinnvoll ist. Die Entscheidung hierüber ist schwierig, sie sollte am besten je nach Institution (z. B. Schule) oder privat fallen.

Sensibilität

Wir wollen mit diesen wenigen Hinweisen dafür sensibilisieren: Chancen und Risiken der online-Kommunikation liegen eng beieinander. Daher ist es umso wichtiger, die Chancen eines respektvollen Umgangs in den Mittelpunkt zu rücken. In den Schulen könnte diese Anforderung besonders stark umgesetzt werden.

Die Chancen sind das eine, die Fehlnutzung das andere Element. Der wachsende Vertrauensverlust der jungen Menschen in das bestehende politische System ist ein weiteres Zeichen dieser Entwicklung, der Trend zur **politischen Radikalisierung** hat sich in den letzten Jahren deutlich verstärkt. Das gilt für die junge Generation allgemein und für Teile der Menschen islamischen Glaubens.

Gefährdungspotenzial stellen Teile des muslimischen Glaubens dar, wenn sie Gewalt als legitimes Mittel zur Durchsetzung politischer Ziele verstehen. Davon zu unterscheiden ist der Salafismus, der kompromisslos agiert nach dem Motto: eure oder unsere Wertvorstellungen: eine fatale Schwarz-Weiß-Malerei. Der Respekt kommt dann sehr schnell an sein Ende.

Insbesondere junge Muslime, die den Eindruck haben, ausgegrenzt zu werden, können leicht radikalisiert werden. Selbstverständlich spielen dabei die sozialen Medien (insbesondere TikTok) eine wichtige Rolle, auch das Unangenehme kann nun einmal als Teil der „Freiheit" genutzt werden.

Die Jugend geht massenhaft dem in Deutschland gültigen Wertekanon verloren, für den der Respekt als Grundlage dient. Damit ergeben sich große Gefahren für die freiheitlich-demokratische Grundordnung, unabhängig von den benannten Vertrauensverlusten, die das repräsentative System in Deutschland (und europaweit) charakterisieren.

Damit haben wir mit dem Thema „Respekt" eine riesige Aufgabe für die elektronischen Plattformen. Der Weg zum Erfolg kann in kleinen Gruppen beginnen. „Sinnvoll sind digitale Werkzeuge immer dann, wenn sie etwas ermöglichen, was in der direkten, persönlichen Begegnung nicht erreichbar ist". (Stefan Bergheim, S. 142). Digitale Kommunikation sollte grundsätzlich nicht als Ersatz für die analoge Kommunikation verstanden werden, sondern als Alternative.

Es verwundert vor diesem Hintergrund nicht, dass vor allem junge Menschen ein schlechteres Wohlbefinden haben als Ältere. Denn schlechtes Wohlbefinden steigert die allgemeine Unzufriedenheit. Dieser Negativ-Trend ist eine bedenkliche Erscheinungsform im Alltag.

Die „Global Flourishing Study" ist eine der weltweit größten Studien zum menschlichen Wohlbefinden die zeigt: „Junge Erwachsene zwischen 18 und 29 Jahren kämpfen – nicht nur mit dem Glücksempfinden. Auch die körperliche und psychische Gesundheit, das Gefühl, ein guter Mensch zu sein, die Suche nach Sinn, Beziehungen und finanzielle Sicherheit sind instabil. Es geht ihnen nicht gut."

Beachte

Respekt in sozialen Medien ist ein Thema, das einer gesonderten Abhandlung genug Raum bietet. Insbesondere Kinder und Jugendliche sollten lernen, miteinander mit Respekt umzugehen. Angesichts der hohen Nutzungsfrequenz durch Kinder und Jugendliche ist es dringend notwendig, das Thema „Respekt" in die Lehrpläne und Ausbildungsinhalte der betroffenen Einrichtungen aufzunehmen. Die Forderung nach dem unbedingten Dialog hat in den sozialen Medien seine besondere Bedeutung.

Auf einige Möglichkeiten haben wir in diesem Band hingewiesen. Wir sollten aber hoffen: „Unsere Zukunft ist ein Wettlauf zwischen der wachsenden Macht unserer Technologien und der Weisheit, mit der wir davon Gebrauch machen. Wir sollten sicherstellen, dass die Weisheit gewinnt." (Stephen Hawking, S. 221).

Dieser Optimismus ist umso wichtiger, weil alle wichtigen technologischen Entwicklungen Folgen haben, die oft erst sehr viel später erkennbar werden.

13

Mehr Respekt bitte
Alle werden zu Gewinnern

Zusammenfassung „… wir beobachten eine zunehmende Rücksichtslosigkeit im Alltag, ein rauer werdendes Klima in der öffentlichen Debatte bis hin zur Enthemmung und Hass, extreme Einstellungen und eine wachsende Gewaltbereitschaft. Respektlosigkeit ist der Anfang dieses Übels, dem wir uns entschieden entgegenstellen …" (Volker Bouffier, S. 5).

Handlungsbedarf

Das ist ein klarer Appell zum Handeln. Insbesondere die zivilgesellschaftlichen Organisationen (Vereine, Verbände, Sozialeinrichtungen) sind aufgefordert, Respekt zur Grundlage ihres Handelns zu machen.

Um Erfolg zu haben, können wir nicht früh genug damit beginnen. Bereits in den Kindertagesstätten werden hierfür Sensibilisierungen geschaffen. Die Beschäftigung mit dem Thema muss sich in den Schulen fortsetzen und ebenso in den Familien Geltung haben, sich an den Arbeitsplätzen verankern und uns alle ein Leben lang begleiten. Dabei geht es nicht darum, ständig den Zeigefinger zu heben: Achtung Respekt, sondern das respektvolle Verhalten sollte in Fleisch und Blut übergehen. Dann werden auch interkulturell die Tore des wechselseitigen Verständnisses weit aufgestoßen. Auf diesem Weg kehren wir zurück zum Beginn: auch der Staat hat seine Pflicht zu erfüllen, so wie es das Grundgesetz mit der Garantie der Menschenwürde verlangt.

Große Aufgabe

Wir haben uns mit der Aufforderung „Mehr Respekt für alle" eine große Aufgabe gestellt, vor allem deswegen, weil wir Respekt als ethische Grundlage des sozialen Miteinanders verstanden wissen wollen. Das **Prinzip der Gleichwertigkeit des Menschen** haben wir dabei in den Mittelpunkt gerückt. Angesichts der globalen Herausforderung nach einer vom Frieden geprägten Welt und der Unsicherheit der Menschen über zukünftige Entwicklungen rückt die Frage des Umgangs der Menschen untereinander noch stärker in den Mittelpunkt. Insofern wollen wir im Folgenden einige Anregungen geben, wie wir alle zu Gewinnern werden können. Das vorliegende Kapitel hat dann auch den Charakter einer Zusammenfassung.

Anregungen für Optimierungen

- Es muss allen Organisationen (Vereine, Verbände, Unternehmen, Staat) klar sein, dass respektvolles Handeln in den **Alltag der Individuen** zu integrieren ist. Entsprechende Leitbilder können dabei eine handlungsanleitende Funktion übernehmen.
- Wir haben mehrfach darauf hingewiesen, nur unter Zugrundelegung der vom Respekt getragenen eigenen Person kann Respekt nach außen getragen werden. Insofern beginnt eine von Respekt getragene **Erziehung** frühzeitig im Kindesalter. Das sollte in einer mehr spielerischen Art und Weise geschehen, einfach im Umgang miteinander gelernt werden – ohne permanent den Zeigefinger zu erheben. Kinder werden die positiven Erfahrungen respektvollen Umgangs auch auf andere Lebensbereiche übertragen.

- Die positiven Wirkungen werden sich vor allem auf die **Familien** übertragen. Es liegt an den Erziehungspersonen, die Balance zwischen „Leine lassen und Grenzen ziehen" in der Praxis umzusetzen. Wenn Kinder bestimmen, wohin der Weg der Erziehung geht, ist der falsche Weg eingeschlagen. Kinder können hingegen mit einer ordnenden Hand in der Erziehung gut umgehen.
- Das frühe Erlernen respektvollen Umgangs wird sich positiv auf die Entwicklung der Kinder und Jugendlichen in späteren Phasen auswirken. Das gilt in besonderer Weise für das **interkulturelle Zusammenleben**. Nur wenn wir hierbei die wechselseitige Anerkennung auf gleicher Augenhöhe praktizieren, wird sich die Idee vom Frieden durchsetzen. Dazu ist auch die Anerkennung unterschiedlicher Traditionen und Milieus wichtig. Bürger als Gesamtheit betrachtet müssen die Wahrnehmung des wechselseitigen Andersseins überwinden.
- „Doch solange Bürger einander fremd bleiben, entdecken sie nur selten, welche Werte in der Religion ihres Nachbarn oder der ethnischen Herkunft ihres Arbeitskollegen enthalten sind." Das gelingt am besten in **Schulen und in Bildungseinrichtungen** generell. „Respekt ist daher ein Argument, in demokratischen Gesellschaften die Erziehung zu zivilen Werten in die Lehrpläne aufzunehmen …" (Jeffrey Abbramson, in: Alfred Herrhausen Gesellschaft (Hrsg.), S. 234). In Deutschland ist ein dringender Appell für die Praxis.
- Diese Forderung erscheint umso wichtiger, als damit ein komplexes Feld aufgemacht wird. Die Interessen der Akteure sind unterschiedlich ausgeprägt und machen sich entsprechend geltend: LehrerInnen, SchülerInnen, Eltern, Schulämter, Ministerien. Nur wenn ein entsprechender Gleichklang wieder hergestellt werden kann, ist Besserung in Sicht. Es ist dafür wünschenswert, wenn die Schulleitungen vor Ort mit entsprechenden Kompetenzen – mit eindeutigen Leitungsfunktionen – ausgestattet sind und diese auch umsetzen können. Für alle Akteure könnten auf diesem Weg Optimierungen erreicht werden. Dabei müsste auch in Kauf genommen werden, dass Schulleitungen auch einmal falsch liegen können. Das wäre im Gesamtinteresse zu verkraften.

- Ein weiteres großes Feld mit Nachholbedarf ist die **betriebliche Praxis**. Selbstverständlich ist der respektvolle Umgang auf betrieblicher Ebene eine wichtige Forderung, die auch in vielen Betrieben umgesetzt wird. Nur wissen wir, dass die Praxis dieser Forderung häufig hinterherhinkt.

  Kluge Betriebsleitungen sind sich darüber im Klaren, dass ein respektvoller Umgang die betriebliche Produktivität steigert, logisch: Beschäftigte, die ihre Arbeit mit Freude tun, steigern den Umsatz und optimieren das Betriebsklima. Das gilt für Verantwortungsträger und MitarbeiterInnen gleichermaßen.

- Dabei sollte auch der Umgang mit älteren Arbeitnehmern besondere Beachtung finden – vor allem im Umgang zwischen unterschiedlichen Generationen. Die innerbetriebliche Kommunikation zu dem Thema „Respekt" kann dabei nur angeraten werden. Da hilft im Alltag schon das eine oder andere freundliche oder ganz einfach lobende Wort.

- Selbstverständlich hat der Staat (siehe Grundgesetz der Bundesrepublik Deutschland) eine **besondere Schutzfunktion** und ist damit ein exponiertes Handlungsfeld. Regierungen – egal auf welcher Ebene – müssen mehr tun, als die Diskriminierung Einzelner abzustellen. Sie sollten praktisch wirken, dass die Schutzfunktion gegenüber der zu wahrenden Würde des Menschen gewährleistet wird. Das ist besonders wichtig, wenn zum Hass aufgerufen wird, was leider immer häufiger geschieht. Hier sollte eine klare Linie gezogen werden: Jede Form von Rassismus ist mit dem Verständnis des Respekts nicht vereinbar.

  Die Schutzfunktion des Staates ist weit gefasst. Sie gilt gegenüber z. B. Lesben und Schwulen. Hier gilt grundsätzlich die verfassungsmäßige Garantie der Gleichheit vor dem Gesetz, also eine staatliche Schutzfunktion. Möglicherweise tut Bescheidenheit gut „… und allen zu der Einsicht verhelfen, dass Schwule wie Heteros aus einer Vielzahl von Gründen heiraten, von Liebe über Geld bis zu Kindern" (Ebenda, S. 239). Das könnte helfen.

- Ähnlich wie der Staat verhalten sich auch die **Organisationen des Dritten Sektors** in Deutschland, also die zivilgesellschaftlichen Organisationen. Formal sind sie in ihren Satzungen verpflichtet, alle Formen von Diskriminierung nicht nur abzulehnen, sondern auch aktiv dagegen vorzugehen. Dies gilt für unterschiedliche Geschlechter, Menschen mit unterschiedlicher Hautfarbe, für religiöse Einstellungen, selbstverständlich auch für den sozialen Status oder die parteipolitische Zugehörigkeit. Die damit verbundene Haltung der Mitglieder im organisierten Bereich muss dem Diktat des Respekts gehorchen. Ansonsten verlieren die Einrichtungen ihre Glaubwürdigkeit. Nur so können sie als Vorbilder für Respekt fungieren.
- Das gilt noch einmal besonders für den **Sport**. Programmatisch ist der Sport im Wesentlichen angemessen aufgestellt. Er hat für den Breiten- und den Spitzensport hinreichend Regeln aufgestellt und damit respektvolles Handeln normiert. Bedauerlicherweise werden die Regeln auch im Sport nicht immer eingehalten. Das gilt für sehr unterschiedliche Ebenen – ob SchiedsrichterInnen, Eltern, ZuschauerInnen etc. – mit unterschiedlichem Gewicht. Über die vorhandenen Normierungen hinaus besteht – neben normalen Anpassungen – kein Bedarf für weitere Regulierungen.

Die Negativbeispiele – Diskriminierungen, Fan-Ausschreitungen, Zuschauerbeleidigungen, Doping etc. – sind Auswüchse in der Praxis, die durch konkrete Gegenmaßnahmen – in der Regel Bestrafungen – eingedämmt werden. Dabei müssen wir uns aber vor Augen halten, dass die Ausschreitungen/Fehlentwicklungen nur einen kleinen Teil des umfangreichen Sportgeschehens ausmachen. Das große Vorbild des Sports als Respektplattform bleibt. Darüber hinaus kann der Sport als globaler Friedensstifter fungieren. „Wir müssen lernen, unsere Konflikte friedlich beizulegen und einander zu respektieren."

So einfach hat es Muhammad Ali formuliert, einer der ganz großen Sportler des 20. Jahrhunderts.

Eine besondere Bedeutung für die Umsetzung des Respekt-Ideals hat das **freiwillige Engagement** in Deutschland. Die vielen Millionen, die sich für den Nächsten und damit das Gemeinwohl einsetzen, stehen per se für respektvolles Handeln. Und es könnten noch viel mehr Freiwillige sein, alle gesellschaftlichen Bereiche könnten sie gut gebrauchen. Die Aufforderung zum Handeln besteht, die Welt würde friedlicher werden. Die Millionen Freiwilligen geben ein exzellentes Beispiel gemeinwohlorientierten gesellschaftlichen Handelns ab.

Beachte

Ein Leben mit Respekt erfordert die entsprechende Denkweise, der aber auch das entsprechende Handeln folgen muss. Wir merken alle von klein auf: Das Leben ist dann leichter. Die Suche nach Vorbildern für respektvolles Handeln ist für alle Lebensbereiche enorm wichtig. Sie gibt es zum Glück im Alltag immer noch häufig und sollte in den Medien viel stärker bewusst gemacht werden.

Der praktische Ansatz müsste vor allem auf kommunaler Ebene beginnen. Hier werden der unbedingte Dialog und der Austausch ermöglicht, das Engagement der Bürger wird am ehesten wirksam: Zusammenleben braucht Respekt. Dazu passt das folgende Interview mit Frau Anita Schneider, Landrätin im Landkreis Gießen und ehemalige Vizepräsidentin des Deutschen Landkreistages.

1. Was verstehen Sie grundlegend unter Respekt?

Respekt ist eine Form der Wertschätzung, Achtung und Ehrerbietung gegenüber einer Person oder Institution. Sie ist sogar im Grundgesetz verankert mit dem Leitsatz „die Würde des Menschen ist unantastbar." Berücksichtigt man die Ableitung aus dem lateinischen Wort „respectio", die in der Übersetzung Rückschau, Einschätzung bedeutet, oder das französische Wort „respect", das mit Hochachtung zu übersetzen ist, so wird deutlich: Es geht hier um eine Betrachtungsweise, eine Haltung der Person, die Respekt zollt. Eine Haltung, die sich durch ein Verhalten gegenüber anderen, durch die Wahl von Worten oder entsprechende Formen des Umgangs miteinander ausdrückt. Es geht um die Frage: Wie höflich, tolerant und anerkennend gehen wir miteinander um? Respektvolles Verhalten ist somit für mich auch eine bewusste Entscheidung für einen Umgang mit anderen Menschen. Sie setzt Erfahrungen, Wissen und auch Lernprozesse aus vielfältigen Alltagssituationen voraus: zum Beispiel Begegnungen im Beruf, in der Schule, in der Familie und natürlich auch im Sport oder auf dem Fußballplatz. Aber auch das Wissen um andere Kulturen und ihre Bräuche, Werte und Verhaltensweisen ist notwendig, um Respekt entgegenbringen zu können.

Respekt steht für mich auch stark mit den Begriffen Fairness und Toleranz in Verbindung. Deshalb lohnt es sich, auch nochmal der Frage nachzugehen, was unter Toleranz zu verstehen ist. Nach Rainer Forst, Professor für Politische Theorie und Philosophie an der Universität Frankfurt, besteht Toleranz aus drei Komponenten:

- Ablehnung: Tolerieren können wir nur, was wir als falsch oder schlecht empfinden. Denn was wir befürworten, müssten wir ja gar nicht tolerieren. Weil Ablehnung ein essenzieller Punkt ist, kann Toleranz laut Forst auch weder vollständige Bejahung von etwas noch Gleichgültigkeit bedeuten.

- Akzeptanz: Außerdem, so Forst weiter, müssen wir Gründe akzeptieren,
- aus denen wir etwas tolerieren sollten, obwohl wir es eigentlich ablehnen. Das Grundrecht der Religionsfreiheit könnte beispielsweise ein solcher Grund sein.
- Zurückweisung: Zur Toleranz gehören schließlich auch ihre Grenzen, erklärt Forst. Die müssten stärker wiegen als die Akzeptanz-Gründe und daher objektiver sein. Ein möglicher Grund, etwas zurückzuweisen, statt es zu akzeptieren, könnte etwa die Verletzung von Menschenrechten sein. Berücksichtigt man diese Komponenten, so wird wieder deutlich: Toleranz ist nicht etwas Statisches, sondern die ständige Auseinandersetzung mit der Frage, was die Grenzen unserer Toleranz überschreitet. Diese Auseinandersetzung ist eine individuelle Abwägung. Diese wird beeinflusst durch Medien und soziale Medien, aber auch durch die Zugehörigkeit zu Gruppen, Parteien, Vereinen, Glaubensgemeinschaften und Kirchen. Gleichzeitig ist Toleranz ein zentraler Begriff pluralistischer demokratischer Gesellschaften. Sie ist geradezu unabdingbar für das Zusammenleben in einer Demokratie. Zusammenfassend würde ich formulieren: Respekt braucht Toleranz. Und beides muss stets in gesellschaftlichen Zusammenhängen reflektiert, geübt und vielleicht auch immer wieder neu entdeckt werden.

2. Worin sehen Sie das Hauptproblem im Umgang mit Geflüchteten?

Respektvoller und toleranter Umgang gegenüber Geflüchteten hat auch immer was mit der eigenen Wahrnehmung zu tun. Diese wird auch dadurch beeinflusst, ob man „über Geflüchtete" pauschal spricht oder über Personen, die man selbst aus dem eigenen Alltag kennt und schätzt. Oft folgen pauschale Aussagen „über Geflüchtete" allgemeinen Klischees – auch solchen, die nicht immer den Fakten und Tatsachen entsprechen: Ich denke da an Redensarten wie „Ausländer nehmen uns die Arbeit weg" oder „die Integration ist gescheitert". Wer jedoch selbst einzelne Menschen mit Fluchthintergrund kennenlernt – die Unterschiedlichkeit der Menschen wahrnimmt und erkennt was viele von ihnen leisten und mit welcher Motivation sie sich einsetzen, um ihren Teil zum gesellschaftlichen Miteinander beizutragen – wird auch zu anderen Normen und Werten mit Blick auf Respekt und Toleranz kommen. Wir müssen uns besser kennen lernen wollen und auf dieser Grundlage entscheiden, wie tolerant wir miteinander umgehen können. Holzschnittartige Bilder verleiten uns, weil sie eine einfache Meinungsbildung zulassen, aber sie verstellen oft den Blick auf den Einzelnen – auf den Menschen.

3. Welche positive Wirkung für den Respekt geht vom Sport aus?

Im Sport begegnen sich Menschen mit den gleichen Leidenschaften, sie messen sich und unterstützen sich im Team. Jeder bringt seine Leistung für das Team ein. Spiele oder Wettbewerbe stärken das Zugehörigkeitsgefühl. Sport ermöglicht einen Lernprozess: Fairness ist unabdingbar und es braucht die Akzeptanz von Regeln, um das Miteinander zu gestalten. Bei diesem Miteinander steht nicht die Herkunft im Mittelpunkt, sondern das verbindende Element. Der von mir skizzierte Lernprozess des Kennenlernens und der Akzeptanz kann im Sport nahezu selbstverständlich geschehen. Sportstätten und Sportvereine sind der ideale Ort dafür. Alle können mitmachen. Daher gilt zurecht: „Sportvereine sind Schulen der Demokratie" (Deutsche Sporthochschule Köln).

14

Fazit: Ein Leben mit Respekt macht vieles leichter

Zusammenfassung Der Anlass für den vorliegenden and liegt in dem hohen Maß an Respektlosigkeit in nahezu allen gesellschaftlichen Bereichen. Unser Appell ist: Dies soll nicht so bleiben. Das Miteinander aller Individuen und aller Institutionen geleitet vom Respekt macht das Leben viel leichter. Respekt gilt als grundlegender Wert für eine friedliche Zukunft.

Es ist das Anliegen des vorliegenden Bandes, Respekt als Handlungsgrundlage des Einzelnen und der Institutionen kenntlich zu machen.

Im Ansatz haben wir deutlich gemacht: Respekt kann man nur haben, wenn man sich selbst respektvoll behandelt. „Der Respekt vor dem anderen setzt voraus, dass man sich seiner selbst bewusst ist und dass einem Rechte garantiert sind, nämlich Autonomie und Freiheit." (Assia Djebar, in: Alfred Herrhausen Gesellschaft (Hrsg.), S. 128).

Jede Form respektlosen Verhaltens ist zu verurteilen. Es ist aber auch wichtig darauf hinzuweisen: Ein großer Teil der Menschen begegnet sich höflich, mit Anstand und erwartet von dem anderen die gleiche Form der

© Der/die Autor(en), exklusiv lizenziert an Springer Fachmedien Wiesbaden GmbH, ein Teil von Springer Nature 2026
H. Zielinski, *Respekt*, https://doi.org/10.1007/978-3-658-51147-0_14

Anerkennung. Wir haben in allen Beispielen deutlich gemacht: **Respekt und Respektlosigkeit sparen keinen Bereich der Gesellschaft aus**.

Respektlosigkeit – gleichgültig in welchem Bereich – sehen wir notwendigerweise sehr kritisch; vor allem auch deswegen, weil der Schritt von der Respektlosigkeit zur Gewaltanwendung nur klein ist. Ob bei der Polizei, in der Schule, bei Rettungskräften, in der Familie und auch im Sport finden wir die Beispiele massenhaft und auch mittlerweile im politischen Raum insbesondere bei jugendlichen Gruppen. Das Beziehungsgeflecht zwischen Einheimischen und zugewanderten Menschen bildet in vielen Fällen den Auslöser. Wir können feststellen, dass die gemeinsame Wertegrundlage gefährdet ist. Für diese Entwicklung spielt der soziale Status nicht mehr die ausschlaggebende Rolle. Das war in zurückliegenden historischen Phasen anders, als daraus die zentralen Konflikte entstanden sind.

Im Verlauf der Erörterungen in diesem Band haben wir auch die Verbindungen zu benachbarten Werten hergestellt, wie der Freiheit und Gleichheit oder zur Gerechtigkeit und Umwelt ebenso wie der Arbeit. Wir wollen uns selbst nicht erhöhen, und doch sehen wir Respekt als Grundlage für einen friedlichen Umgang im Kleinen wie im Großen. Letztlich machen alle Debatten über Werte nur in einer vom Frieden geprägten Welt Sinn.

Wir haben an verschiedenen Stellen auf den Zusammenhang von **Respekt und Toleranz** hingewiesen, insbesondere wenn es um eher grundsätzliche Fragen geht. Wir haben der Forderung nach Respekt einen höheren Stellenwert eingeräumt – eine vorrangige Position.

Das deutsche Grundgesetz hat hierbei als eine Art Leitfaden gedient und sollte auch in der Praxis entsprechend eingeordnet werden: Respekt beruht auf einer unparteiischen Haltung, seine Anerkennung folgt aus der Menschenwürde als grundsätzliche Gleichheit. Jeder einzelne Mensch ist einzigartig, unverwechselbar und als Individuum Mittelpunkt von Freiheit und Gleichheit.

„Wir müssen jetzt beginnen, die sozialen Grundlagen der Moral zu stärken, damit die Gemeinschaften wieder ihre moralischen Stimmen erheben, die Familien ihre Kinder erziehen und die Schulen die jungen Menschen zu aufrechten Mitgliedern ihrer Gemeinschaften machen können. Nun geht es erst einmal darum, wie eine soziale Welt, die weitgehend unfähig geworden ist, irgendwelche Wertsysteme zu artikulieren und zu tragen, diese Fähigkeit wieder erlangen kann." (Amitai Etzioni, S. 16). Diese Forderung gilt zeitunabhängig bis heute.

Es ist wünschenswert, wenn der vorliegende Band positive Ansätze für die Praxis erzeugt. Um es im jugendlichen Jargon zu sagen:

It ain't that deep, Bro!

(So schwer ist es nicht)

15

Nachwort
Respekt fundiert Demokratie

Zusammenfassung Ein akzeptiertes Wertegerüst bildet das Fundament der bundesrepublikanischen Demokratie. Dazu ist es unabdingbar, das Prinzip der Mehrheitsentscheidungen in der Gesellschaft anzuerkennen. Das gilt für die, die regiert werden und für die, die regieren. Es ist also eine Verpflichtung für alle Bürgerinnen und Bürger. Nutzen wir die entsprechenden Chancen.

Auf den ersten Blick werden LeserInnen fragen, was Demokratie mit dem Thema „Respekt" zu tun hat. Ja, die Frage ist berechtigt und doch liegt die Antwort nahe, wenn wir die Geltung der Werte als Grundlage für ein faires Miteinander ansehen. Wenn wir die parlamentarische Demokratie als Vertretung der Herrschaft des Volkes durch gewählte Repräsentanten auf begrenzte Zeit ansehen, das Repräsentationsprinzip also anerkennen, so ist damit eine Verfassungsnorm, ein allgemeiner Volkswille definiert, die bzw. den es zu respektieren gilt.

Jean-Jadques Rousseau, als „Bürger von Genf" hat bereits vor Jahrhunderten herausgearbeitet:

H. Zielinski, *Respekt*, https://doi.org/10.1007/978-3-658-51147-0_15

„Wenn schließlich der Staat seinem Untergang nahe ist und nur noch als eine eingebildete und leere Form besteht, wenn das gesellschaftliche Band in allen Herzen gerissen ist, wenn das niedrigste Interesse die Stirn hat, sich mit dem geheiligten Namen des Gemeinwohls zu schmücken: dann verstummt der Gemeinwille …"

Nun müssen wir in der Realität der Bundesrepublik Deutschland allerdings registrieren, dass die Geltung des Mehrheitsprinzips ins Wanken geraten ist. Damit sind erhebliche Vertrauensverluste in die Demokratie verbunden, der Respekt vor dem demokratischen System schwindet. Das gilt in besonderem Maße für die Generation der jungen Erwachsenen. Deren parteipolitische Optionen sind stark auf die parteipolitischen Ränder konzentriert, die dadurch allerdings erheblich an Bedeutung gewinnen. Positiv formuliert wird damit das Individuum gestärkt, die Begrenzungsmöglichkeiten durch staatlichen Willen in Frage gestellt. Dadurch wiederum sind auch Chancen gegeben, den politischen Willen der jungen Generation und ihre Wertvorstellungen in die Willensbildung einzubauen.

Wir sollten davon ausgehen, dass die junge Generation grundsätzlich positiv gegenüber der demokratischen Verfassung in der Bundesrepublik Deutschland eingestellt ist.

Die Chancen bieten sich vor allem auf lokaler Ebene an, dem primären Ort, politischen Willen auch für die Gestaltung der Lebensverhältnisse einzubauen. Auf diese Weise könnte der Respekt vor der freiheitlich-demokratischen Grundordnung und ihrer aktuellen Ausgestaltung erhöht bzw. verbessert werden.

Das schwindende Vertrauen wichtiger Zielgruppen in die Mehrheitsentscheidungen der Parlamente ist auch an folgender Debatte festzumachen. Sollen politisch Verantwortliche – egal auf welcher Ebene – eher nach ihrem Gewissen handeln oder sollen sie sich der Fraktionsdisziplin unterordnen. Im zweiten Fall nennt man dies: Handeln nach Verantwortungsethik. Optimierungen gerade im Interesse der jüngeren Generation sind auch dadurch möglich, dass wieder mehr Ehrlichkeit Einzug in die Politik hält. Insofern stärkt Transparenz das Vertrauen in Politiker und erhöht den Respekt vor Person und Entscheidung. Moral der Politiker einzufordern, heißt, dass auch Politiker für ihr Handeln geradestehen, so wie es ebenso vom Individuum gefordert wird. Dazu gehört auch das Eingestehen von Fehlern. Vertrauensverluste in Politik haben weitgehende Folgen für die freie Meinungsäußerung der Wähler.

Die Tatsache, dass aktuell 40 % der Wähler meinen, dass sie ihre Meinung nicht mehr frei äußern können, ist alarmierend. Die Lage in der Bundesrepublik ist besorgniserregend. Die Gewalt auf Straßen und Plätzen ist nicht geringer geworden. Judenhass, Missbrauch von Sozialleistungen oder Massenkriminalität haben zugenommen. Das Zusammenleben ist schwieriger, vieles ist schlechter geworden. Das Vertrauen in die Bundesrepublik ist aktuell geringer geworden.

„In einer Zeit, die sich zunehmend nach Weltuntergang anfühlt, weil unsere politischen Institutionen und Wirtschaftssysteme angesichts einer Fülle von Krisen ins Schwimmen geraten, kann die Geschichte dazu beitragen, unseren Horizont zu erweitern. Sie sagt uns, dass es nicht so sein muss. Wenn unsere Vorfahren in der Vergangenheit gelernt haben, es anders zu machen, können wir es vielleicht auch lernen." (Roman Krznaric, S. 309).

Die Ergebnisse zu neueren Untersuchungen zum Zustand der Demokratie sind besorgniserregend. Die Studie „Die angespannte Mitte" der Friedrich-Ebert-Stiftung stellt einen erheblichen Vertrauensverlust in Institutionen und die Umsetzung demokratischer Prinzipien fest. „Nur noch 52 % sind der Meinung, dass die deutsche Demokratie im Großen und Ganzen ganz gut funktioniert." (Gießener Allgemeine Zeitung vom 7.11.2025, S. 1). Hoffnung macht allerdings die Einschätzung, dass 88 % meinen, dass in einer Demokratie die Würde und die Gleichheit aller an erster Stelle stehen sollten. (Ebenda). Das ist eine Feststellung ganz im Sinne des vorliegenden Bandes und sollte uns alle positiv bewegen im Geiste der Einschätzung von Stephen Hawking.

Angst verhindert den unbedingten Dialog zwischen allen gesellschaftlichen Gruppen und bildet das Gegenteil eines auf Respekt gegründeten politisch-kulturellen Klimas. Daher schließen wir trotz aller kritischen Anmerkungen zur Situation in Deutschland mit einem positiven Ausblick:

„Intelligenz wird als die Fähigkeit zur Veränderung charakterisiert. Die menschliche Intelligenz ist das Ergebnis einer sich über viele Generationen hinziehenden natürlichen Auswahl derjenigen, die fähig waren, sich veränderten Umständen anzupassen. Wir brauchen keine Angst vor Veränderungen zu haben. Wir müssen jedoch dafür sorgen, dass sie sich zu unserem Vorteil auswirken." (Stephen Hawking, S. 220).

Literatur

Abramson Jeffrey, Das Ideal der Demokratischen Gerechtigkeit, in: Alfred Herrhausen, Gesellschaft (Hrsg.). Das Ende der Toleranz. Identität und Pluralismus in der modernen Gesellschaft, München 2002

Adorno Theodor W., Stichworte, Kritische Modelle 2, Frankfurt 1969

Bergheim Stefan, Zukünfte – Offen für Vielfalt. Das Handbuch für den klugen Umgang mit dem Später, Frankfurt am Main 2020

Bild am Sonntag, Ausgabe 45, Seite 38 vom 9.11.2025

Blöser Claudia, Immanuel Kant, Stuttgart 2003

Bouffier Volker, Frankfurt 2018

Bundesministerium für Arbeit und Soziales, Lebenslagen in Deutschland. Der Siebte Armutsbericht der Bundesregierung, Berlin 2025

Diel Hermann/Janke Rainer, Das Fußball-Verstehbuch, Fulda 2005

Djebar Assia, Das Innere Gefängnis verlassen, in: Alfred Herrhausen Gesellschaft (Hrsg.), Das Ende der Toleranz, München 2002

Drechsler H./Hilligen W./Neumann F. (Hrsg.), Gesellschaft und Staat, Lexikon der Politik, München 1995

Etzioni Amitai, Die Entdeckung des Gemeinwesens, Stuttgart 1995

Gießener Allgemeine Zeitung vom 4. Juli 2025

Habermas Jürgen, Die postnationale Konstellation, Frankfurt 1998

Hawking Stephen, Kurze Antworten auf große Fragen, Stuttgart 2021

© Der/die Herausgeber bzw. der/die Autor(en), exklusiv lizenziert an Springer Fachmedien Wiesbaden GmbH, ein Teil von Springer Nature 2026

H. Zielinski, *Respekt*, https://doi.org/10.1007/978-3-658-51147-0

Herrhausen Alfred, Gesellschaft (Hrsg.), Das Ende der Toleranz. Identität und Pluralismus in der modernen Gesellschaft, München 2002

Hessisches Ministerium für Kultus, Bildung und Chancen. Schulpraxis, Werte und Demokratiebildung, Wiesbaden 2025

Hofmann Werner, Abschied vom Bürgertum. Essays und Reden, Frankfurt 1970

Jungfer Thomas, Bild-Zeitung vom 7. Mai 2025

Katholischer Katechismus, Ausgabe für die Diözese Mainz, o. Jahrgang

Freiherr von Knigge Adolph, Über den Umgang mit Menschen, Hrsg. Von Marion Poschmann, Berlin 2016

Krznaric Roman, 10 Lektionen aus der Geschichte für die drängenden Fragen unserer Zeit, Köln 2025

La Rochefoucauld, Weisheit für alle Tage, Stuttgart 1997

Mintzberg Henry/Ahlstrand Bruce/Lampel Joseph, Strategy Safari, Wien 1999

Nietzsche Friedrich, Ausgabe Schlechta, Band 3 (1966), S. 433, in: Heinz Wagner, Normenbegründungen, Köln 1982

Patzig Günther, Tatsachen, Normen, Sätze, Stuttgart 1988

Rieckmann Heijo, Führungskraft und Management Development, München 2000

Rousseau Jean-Jacques, Gesellschaftsvertrag, Stuttgart 1996

Schäuble Wolfgang, Bürger und Individuum, in: Alfred Herrhausen, Gesellschaft (Hrsg.), Das Ende der Toleranz, München 2002

Schieritz Mark, Zu dumm für die Demokratie? München 2025

TAFISA, The Association of International Sport for All, Mission 2030, Workbook 1, Respect in Sport an through Sport, Frankfurt am Main 2019

Zielinski Heinz, Freiheit und soziale Gerechtigkeit, in: Franz Neumann (Hrsg.) Politische Ethik, Baden-Baden 1985

Zielinski Siegfried, Künstliche Intelligenz. Ein kurzes Manifest, Berlin 2025

GPSR Compliance
The European Union's (EU) General Product Safety Regulation (GPSR) is a set
of rules that requires consumer products to be safe and our obligations to
ensure this.

If you have any concerns about our products, you can contact us on

ProductSafety@springernature.com

In case Publisher is established outside the EU, the EU authorized
representative is:

Springer Nature Customer Service Center GmbH
Europaplatz 3
69115 Heidelberg, Germany